校园足球
中小学衔接实操

王艳惠　朱文彬　侯树梅 ◎ 主编

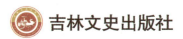
吉林文史出版社

图书在版编目（CIP）数据

校园足球中小学衔接实操 / 王艳惠，朱文彬，侯树梅主编. — 长春：吉林文史出版社，2020.9

ISBN 978-7-5472-7178-0

Ⅰ.①校… Ⅱ.①王… ②朱… ③侯… Ⅲ.①足球运动—中小学—教学参考资料 Ⅳ.①G633.963

中国版本图书馆CIP数据核字（2020）第174931号

校园足球中小学衔接实操

XIAOYUAN ZUQIU ZHONGXIAOXUE XIANJIE SHICAO

主　　编：王艳惠　朱文彬　侯树梅
责任编辑：程　明
封面设计：言之凿
出版发行：吉林文史出版社有限责任公司
电　　话：0431-81629369
地　　址：长春市福祉大路5788号
邮　　编：130117
网　　址：www.jlws.com.cn
印　　刷：北京政采印刷服务有限公司
开　　本：170mm×240mm　1/16
印　　张：11　　　　　字　数：198千字
印　　次：2022年6月第1版　2022年6月第1次印刷
书　　号：ISBN 978-7-5472-7178-0
定　　价：45.00元

编 委 会

主 编：王艳惠　朱文彬　侯树梅

编 委：张克民　邓　瑶　黄志强　齐　鑫　陈志文

　　　　刘　双　王恩焕　王　宣　赵春丰

校园足球

　　足球，有"世界第一运动"的美誉，是全球体育界最具影响力的单项体育运动。在学校，足球运动开展得更是如火如荼，也深受学生们的喜爱。但足球在学校体育教学中大多以实践为主，学生对其理论知识学习得较少，因此学生也缺乏理论指导实践的能力。学生只知其然，不知其所以然，无疑像是门外汉在踢球。丰富的理论知识可以帮助学生和队友之间进行沟通，了解足球教师的意图，更能提高学生在场上随机应变的能力。一名真正的足球运动员不仅踢球技术要好，也要非常了解足球，热爱足球。本教材介绍了足球知识、足球技战术、足球竞赛、足球常识，使学生能认识足球，了解足球的魅力，成为一名真正的足球运动员。

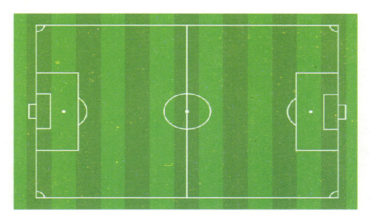

足球场俯视图

　　本教材每一章都会教给你一个人生态度，请同学们牢记在心。

人生要有明确的方向和目标

足球比赛的目标是进球，这就需要掌握射门的正确角度。如果射门的角度太正，对方守门员就会很容易把足球扑出来，所以射门时要考虑什么时候起脚，用什么样的角度射门。生活中也是一样，我们从小就要明白自己长大后想成为什么样的人，自己要朝着那个方向努力。

目录

上篇 理论篇

下 篇　实 践 篇

上 篇

理 论 篇

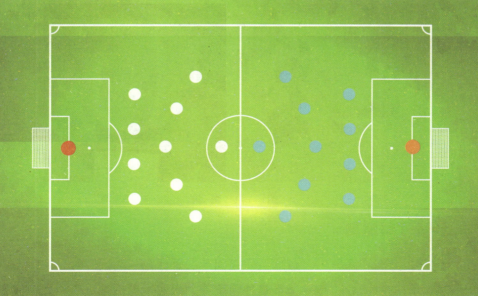

第一章 足球的起源和发展

古代足球的起源

足球运动是一项古老的健身体育活动，最早起源于我国古代的一种球类游戏——"蹴鞠"，后来被阿拉伯人传到欧洲，发展成现代足球（图1-1-1）。

图1-1-1　蹴　鞠

一、了解蹴鞠

蹴鞠，又名"踢鞠""蹴球""蹴圆""筑球""踢圆"等，"蹴"有用脚蹴、踢的含义，"鞠"最早是外包皮革、内实米糠的球。因而"蹴鞠"

就是指古人以脚蹋、踢皮球的活动。据史料记载，早在战国时期中国民间就流行娱乐性的蹴鞠游戏，而从汉代开始其又成为兵家练兵之法。到了唐宋时期，"蹴鞠"活动已十分盛行，成为宫廷之中的高雅活动。宋代又出现了蹴鞠组织与蹴鞠艺人，清代开始流行冰上蹴鞠。因此，可以说蹴鞠是中国古代流传久远、影响较大的一种体育活动。

二、蹴鞠规则

汉代的蹴鞠有两种形式：一种是有音乐伴奏的蹴鞠舞，踢时不受场地限制，表演者用自己的技巧在音乐伴奏下踢出各种花样。另一种形式则是在球场上进行的以对抗性比赛为主的蹴鞠。这种比赛多是在专门的球场——蹴城中进行，球场的两端各有6个对称球门，叫作"蹴室"。比赛时双方各出6名守门员，并有正副裁判执法，还有一套竞赛的法则，多盛行于军队的训练中。

足球起源于中国。当然，由于封建社会的局限，中国古代的蹴鞠活动最终没有发展成为以"公平竞争"为原则的现代足球运动。而这个质的飞跃是在资本主义的英国完成的。

若昂·阿维兰热（图1-1-2），国际足联原主席，全名为让-玛丽·福斯坦·戈德弗鲁瓦·德·阿维兰热博士。若昂·阿维兰热是世界上最受尊敬的体育人物之一，1974年继斯坦利·鲁斯之后当选为第七任国际足联主席。

图1-1-2　若昂·阿维兰热

现代足球的起源

英国是现代足球的起源地（图1-1-3）。12世纪前后英国和丹麦发生了一场战争，战争结束后英国人看到地上有许多丹麦士兵的人头，由于英国士兵对丹麦士兵非常痛恨，便踢起了那些人头。在踢的过程中觉得颇有"乐趣"，只是脚太疼了。后来就用牛膀胱吹气成球来代替人头，这样就产生了现代足球。到19世纪初叶，足球运动在当时的欧洲及拉美一些国家特别是在资本主义英国已经相当盛行。

图1-1-3　现代足球的起源

1848年，足球运动的第一个文字形式的规则《剑桥规则》诞生。《剑桥规则》规定每方11人进行比赛，现在的11人足球比赛就是从那时开始的。

1857年，在英国谢菲尔德成立了世界上第一个足球俱乐部。

1863年10月26日，英格兰足球协会在伦敦成立，制定了第一个足球规则，宣告现代足球运动的诞生。从此，有组织的、在一定规则约束下的足球运动开始从英国传遍欧洲，传遍世界。

在19世纪末，足球运动在西欧国家已相当普及。在1896年第一届奥运会上，足球只是表演项目。当时，丹麦队以9：0战胜希腊队，成为奥运会足球比赛的第一个冠军。

从1900年的第二届奥运会开始，足球被列为奥运会的正式比赛项目。为了适应足球运动发展的需要，1904年5月21日，法国、比利时、丹麦、荷兰、西班牙、瑞典、瑞士等国在巴黎发起成立了国际足球联合会（总部设在瑞士苏黎世）。

1925年，国际足联发布了新的"越位"规则，加重了防守任务，攻防矛盾日趋尖锐。据此，英国人契甫曼于1930年创造了"WM"式阵形，使攻防人数的分布达到均衡状态。这一阵形在20世纪40年代前后盛行于全世界。从1930年起，每4年举办一次世界足球锦标赛（又称国际足联世界杯），比赛取消了对职业运动员的限制。

在当代，足球运动遍及全世界，影响深远。各种足球赛事众多，其中影响巨大的有世界杯、欧洲杯、英格兰超级联赛、德国杯、法国超级联赛等。可以说，当代足球运动已经成了家喻户晓、广受欢迎的体育运动。

⊙ 想一想

现代足球和古代足球的主要区别在哪里？

⊙ 拓展任务

现代足球起源于英国，英国最著名的联赛你知道是什么吗？能否列举出四家英国优秀的足球俱乐部呢？

足球哲学——做任何事都要全力以赴

　　在足球场上，所有动作都需要全力以赴，如果传球时力量不够，就容易被对方抢断；如果射门时软绵无力，就无法威胁到对方球门；如果不全力防守，就会被对手破门。在生活中也是一样，做任何事情，只要自己的能力可以达到，就要全力以赴，这样才能得到最大的收获（图1-1-4）。

图1-1-4　足球运动要全力以赴

第二章 世界杯

世界杯介绍

国际足联世界杯（FIFA World Cup），简称"世界杯"，是世界上最高荣誉、最高规格、最高竞技水平、最高知名度的足球比赛，与奥运会并称为全球体育两大顶级赛事，其影响力和转播覆盖率甚至超过奥运会这一全球最大的体育盛事。世界杯冠军是全球各个国家在足球领域最梦寐以求的神圣荣耀，也是各个国家（或地区）所有足球运动员的终极梦想。世界杯每四年举办一次，任何国际足联会员国（地区）都可以派出代表队报名参加这项赛事。世界杯是世界足球运动推广普及的源头和根本，所以也被誉为"生命之杯"。巴西是夺得世界杯冠军最多的球队，共获得5次世界杯冠军，并且在3夺世界杯后永久地保留了前任世界杯雷米特杯。现在的世界杯是大力神杯，4夺世界杯冠军的德国在1974年首次捧杯并沿用至今。中国曾在2002年首次晋级第17届韩日世界杯决赛阶段32强。

一、世界杯的历史

1904年5月21日，国际足联的第一任主席法国人罗贝尔·盖兰，第一次向各国足坛领导人提出了举办世界性足球比赛的想法，并责成其秘书长荷兰人希尔施曼为此起草一份文件。但由于表示愿意参加的国家不多，而且由于政治体育的不和，这项计划流产了。第一次世界大战结束后，巴黎红星队的创始人于勒·雷米特当选为国际足联主席，他又重新提出了这项被搁浅的计划。他苦口婆心，耐心之至地向各国足球界领导人做了大量的说服工作，竭力证明，一项世界性的足球比赛完全可以同顾拜旦男爵创立的奥运会比赛并行不悖，并且能够兴旺发达（图1-2-1）。

图1-2-1　国际足球联合会

1925年，在布鲁塞尔的一家饭店内，乌拉圭外交官布埃罗代表两届奥运会足球冠军得主乌拉圭队，正式对雷米特表示支持。

1926年12月10日，国际足联在巴黎召开了一次工作会议，瑞士、匈牙利、法国、奥地利、德国等许多国家都派代表参加了这次会议。4个月后，会议的草案被提交给各国足协。1927年6月5日，在国际足联召开的赫尔辛基会议上，以23票赞成、5票反对（北欧国家表示反对）、1票弃权（德国）通过了巴黎工作会议议案。

1926年，国际足联卢森堡会议上，把锦标赛的名称改为"雷米特杯赛"，以表彰国际足联前主席、法国人雷米特为足球事业做出的巨大贡献。

后来，有人建议把两个名字连在一起，称为"世界足球锦标赛——雷米特杯"。最后，在赫尔辛基的代表会议上，将其更名为"世界足球冠军杯——雷米特杯"，简称"世界杯"。每4年举办一届。

二、国际足联世界杯起源

世界杯是1928年FIFA为获胜者特制的奖品，是由巴黎著名首饰技师弗列尔铸造的。其模特是希腊传说中的胜利女神尼凯，她身着古罗马束腰长袍，双臂伸直，手中捧一只大杯。

金杯高35厘米，重3.8千克，由银杯镀金铸成，立在大理石底座上。此杯为流动奖品，谁得了冠军，可把金杯保存4年，到下一届赛前交还给国际足联，以便颁发给新的世界冠军。此外有一个附加规定：谁三次获得世界冠军，谁将永远得到此杯。

1970年墨西哥世界杯赛时，乌拉圭、意大利、巴西之前都已获得过两次冠军，因此都有永远占有此杯的机会。结果巴西队捷足先登，永久拥有了雷米特杯。

为此，国际足联还得准备一个新奖杯，以发给下届冠军。1971年5月，国际足联举行新杯审议会，通过对53种方案的评议，决定采用意大利人加扎尼亚的设计方案——两个大力士双手举起地球（图1-2-2）。

这个造型象征着世界第一运动的规模。新的奖杯定名为"大力神杯"。该杯高36.8厘米，重6.175千克，其中4.97千克的主体由18K黄金铸造。底座由两层孔雀石构成，珍贵无比。

国际足联规定新杯为流动奖品，不论哪个队获得多少次冠军，也不能永久占有此杯。在大力神杯的底座下面有能镌刻17个冠军队名字的铭牌——此杯可以持续使用到2038年。

图1-2-2　雷米特杯
与大力神杯

大力神杯是现今足球世界杯的奖杯，是足球界最高荣誉的象征，无论从哪方面（构造、价值、珍贵度等）来看，都绝非世界上其他任何奖杯可比。

国际足联世界杯赛制

世界杯赛程分为预选赛阶段和决赛阶段两个阶段。世界杯预选赛阶段分为六大赛区，分别是欧洲、南美洲、亚洲、非洲、北美洲和大洋洲赛区，每个赛区需要按照本赛区的实际情况制定预选赛规则，而各个已报名参加世界杯的国际足联（FIFA）会员国（地区）代表队，则需要在所在赛区参加预选赛，争夺进入世界杯决赛阶段的名额。

世界杯决赛阶段的名额目前是32个，决赛阶段主办国可以直接获得决赛阶段名额。除主办国外，其他名额由国际足联根据各个预选赛赛区的足球运动水平进行分配，不同的预选赛赛区会有不同数量的决赛阶段名额。

一、世界杯决赛阶段赛制

32支参赛队通过抽签分为8个小组，每个小组分别有4支球队进行比赛，每支球队都必须和其他3支球队进行且只进行一场比赛，每组4个队循环比赛，共打6场（a1-a2；a1-a3；a1-a4；a2-a3；a2-a4；a3-a4）。每场比赛90分钟，胜、平、负分别积3、1、0分。每个小组积分的前两支球队出线进入淘汰赛阶段的1/8决赛，共16支球队，即"16强"（图1-2-3）。

图1-2-3 2018俄罗斯世界杯分组赛抽签结果

淘汰赛阶段的90分钟内（含补时阶段）进球多的球队取胜。如果参赛双方在90分钟内（含补时阶段）无法决出胜负，将进行上下半场各15分钟的加时赛。加时赛阶段，如果两队仍未分出胜负，则通过点球决出胜者（图1-2-4）。

图1-2-4　2018俄罗斯世界杯1/8淘汰赛对阵

二、关于东道主和卫冕冠军的故事

从1938年法国世界杯开始，国际足联规定卫冕冠军和东道主国家可以直接晋级。但是2002年因为卫冕冠军法国队在韩日世界杯表现太差，所以国际足联规定，从2006年世界杯预选赛起，卫冕冠军也需要参加其所属区域内的世界杯预选赛，从而只有东道主可以入围决赛圈的比赛。如2010年南非世界杯东道主未能从小组出线，但是国际足联并未取消东道主直接晋级的资格。

世界杯决赛阶段的主办国必须是国际足联（FIFA）会员国（地区），而且会员国（地区）需要向国际足联提出申请（可以两个会员联合申请承办），然后通过全体国际足联（FIFA）会员国（地区）投票选出。

三、参与世界杯的足球队（表1-2-1）

表1-2-1　世界杯足球赛夺冠统计表

世界杯年份	国家	所属洲
第一届1930年	乌拉圭	南美洲
第二届1934年	意大利	欧洲
第三届1938年	意大利	欧洲
第四届1950年	乌拉圭	南美洲
第五届1954年	德国（西）	欧洲
第六届1958年	巴西	南美洲
第七届1962年	巴西	南美洲
第八届1966年	英格兰	欧洲
第九届1970年	巴西	南美洲
第十届1974年	德国（西）	欧洲
第十一届1978年	阿根廷	南美洲
第十二届1982年	意大利	欧洲
第十三届1986年	阿根廷	南美洲
第十四届1990年	德国（西）	欧洲
第十五届1994年	巴西	南美洲
第十六届1998年	法国	欧洲
第十七届2002年	巴西	南美洲
第十八届2006年	意大利	欧洲
第十九届2010年	西班牙	欧洲
第二十届2014年	德国	欧洲
第二十一届2018年	法国	欧洲

1. 法国国家男子足球队

法国国家男子足球队成立于1904年，主场位于法兰西大球场，法国是欧洲大陆较早开展足球运动的国家，并且参与创办了世界杯、欧洲国家杯等赛事，同时，法国国家男子足球队在20世纪50年代开始崛起。1958年瑞典世界杯，由王牌射手方丹领衔的法国队勇夺世界杯季军，方丹创造了6场13球的世界杯单届进球惊天纪录，至今无人能打破。1984年，由普拉蒂尼领衔的法国队拿到了欧锦赛冠军，普拉蒂尼5场9球至今也是欧锦赛最高单届进球纪录。而以德尚为队长，齐达内、亨利等人组成的黄金一代，获得了1998年世界杯冠军。2018年俄罗斯世界杯法国队教练德尚带领姆巴佩、博格巴、格列兹曼等球星再一次夺得世界杯冠军（图1-2-5）。

图1-2-5　法国男子足球队

2. 巴西国家男子足球队

巴西国家男子足球队战绩辉煌无比、所向披靡，几乎是各大杯赛冠军数量领跑者。巴西队被誉为世界上最有名及最成功的国家足球队，他们是夺得世界杯足球赛冠军最多的球队。巴西队11次进入4强、7次杀入决赛，曾经于1958年、1962年、1970年、1994年、2002年5次夺得世界杯冠军（图1-2-6）。

图1-2-6　巴西国家男子足球队

3. 中国国家足球队

中国国家足球队始创于1924年，起初只有男子足球队。女子足球队于1983年12月15日正式成立。中国国家足球队在1931年加入国际足球联合会（FIFA），1958年退出，又在1979年重新加入。从1976年起，男子足球队连续9次参加亚洲足球联合会（AFC）亚洲杯足球赛，并于1984年和2004年两度打进决赛。女子足球队在1999年FIFA女足世界杯上获得亚军，男子足球队第一次也是至今唯一一次在FIFA世界杯上亮相是在2002年的韩日世界杯上。从此以后尚未能再次进入世界杯决赛阶段（图1-2-7）。

图1-2-7　中国国家男子足球队

⊙ **想一想**

获得世界杯冠军次数最多的是哪个国家？

请你回答：埃及、澳大利亚、阿根廷、墨西哥分别会在哪个赛区参加世界杯预选赛？

⊙ **拓展任务**

（1）在亚洲举办的世界杯是哪一年，成绩最好的亚洲球队是哪支？

（2）中国队唯一一次打入世界杯决赛圈在小组赛的三个对手都是谁？

足球哲学——要懂得互相帮助

在足球场上，面对强大的对手，一个人防守对方势单力薄，临近队友过来帮忙，形成两个人一起围抢，则事半功倍。在进攻的时候我们不能只顾着自己"闷头独带"，如果队友位置比你更好，你送上一脚有利的助攻，这种感觉比自己成功更有成就感。这给我们一种启示：我们要从小培养合作精神，要精诚合作，伸出援手，互相帮助（图1-2-8）。

图1-2-8 足球场上要互相帮助

第三章　世界足球大型赛事

学习目标

1. 熟知世界各大洲赛事的举办地点。

2. 了解各大赛事的特点及具有代表性的参赛队。

3. 能够举例说出各项赛事中三支以上高水平的球队。

国际足联女子世界杯

　　国际足联女子世界杯，简称女足世界杯，一般被视为女子足球最高荣誉的赛事，由国际足联（FIFA）主办，由各国的女子国家足球队参加比赛。首届女足世界杯于1991年在中国广东举行，之后每4年举办一次。

　　中国国家女子足球队（图1-3-1）正式成立于1983年12月15日，隶属于中国国家足球队。1986年，中国女子足球队首次远征欧洲，在意大利举办的两次国际邀请赛上分获冠军、季军。同年，又首次夺得亚洲杯冠军。1986、1989、1991、1993、1995、1997、1999年中国女足获亚洲杯七连冠；1990、1994和1998年亚运会中国女足获三连冠；1996年亚特兰大奥运会中国女足获亚军；1999年中国女足获第三届FIFA女足世界杯亚军。2006年中国女足再夺女足亚洲杯冠军。

图1-3-1　中国国家女子足球队

欧 洲 杯

欧洲足球锦标赛（European Football Championship），简称"欧锦赛"，也称"欧洲杯"，是一项由欧洲足球协会联盟成员国间参加的最高级别国家级足球赛事，于1960年举行第一届，其后每四年举行一届。

德国国家男子足球队（图1-3-2）由德国足球协会负责管辖，代表德国参加大型国际性足球赛事，是世界上历史最悠久、战绩最辉煌的豪门球队之一。第二次世界大战后德国由于政治原因分裂成东德、西德以及萨尔保护领，并分别成立各自的地区代表队参加国际比赛。直至1990年10

图1-3-2　德国国家男子足球队

月3日德国统一，再次以"德国"名义参加国际大赛。和在经济、科学、哲学、艺术、体育等各领域人才一直处于世界领先地位一样，德国足球天才辈出、巨星如云，球员天赋异禀，凭借深厚的底蕴斩获荣誉无数。德国队的传统是身体力量与技术的完美结合，具有可以适应任何技战术打法的全能足球风格。

德国队历史上共8次杀入世界杯决赛，4次夺得冠军，13次晋级四强，战绩积分仅微次于巴西，排名世界第二。德国6次杀入欧洲足球锦标赛决赛，3次夺得冠军，8次晋级四强，排名欧洲第一。同时德国队在世界杯和欧洲杯国际大赛中总进球数都为历史第一，展现出冠绝世界足坛的强大实力。

美 洲 杯

美洲杯（Copa América）足球赛诞生于1916年，是美洲、也是全世界历史最悠久的足球赛事。当时正值阿根廷独立一百周年之际，在当时的阿根廷总统伊里戈延的倡议下，设立了这一杯赛。美洲杯足球赛由南美洲10支实力最强的国家队参加，是南美洲最高水平的比赛。比赛由南美足协主办，开始时每年举办一次，27年后不定期举行，到1959年改为每4年举办一次。

图1-3-3　阿根廷国家男子足球队

阿根廷国家男子足球队（图1-3-3）是世界上最成功的国家队之一，曾19次夺取过国家队重大赛事的冠军，包括两次称雄国际足球世界杯（1978年、1986年）、两次获得奥运会男足金牌（2004年、2008年）以及一次国际足联联合会杯。阿根廷41次参赛美洲杯，共14次夺冠，是美洲杯夺冠第二多的国家。

非 洲 杯

非洲国家杯（Africa Cup of Nations）是非洲足联（CAF）发起的一项高水平洲际足球赛事，最早举办于1957年。第一届非洲杯的参赛队只有可怜的3支球队——埃及、苏丹和埃塞俄比亚。虽然南非当时也提出了参赛的要求，但由于该国臭名昭著的种族隔离政策而遭到拒绝。北非劲旅埃及夺得了首届比赛的冠军。从1968年开始，非洲足联规定非洲杯每两年举办一次，而参赛球队也随着非洲国家的逐步解放而增多。到1998年，非洲杯的参赛队扩军为16支球队，除了东道主之外，参赛的每支球队都要参加非洲足联举办的资格赛，这个赛制一直沿用至今。

图1-3-4　尼日利亚国家男子足球队

尼日利亚国家男子足球队（图1-3-4），别称"非洲雄鹰"，是尼日利亚男子足球的国家代表队，由尼日利亚足球协会负责管辖。尼日利亚首次晋身世界杯决赛圈是在1994年，之后两届赛事均可以进入决赛圈，其中1994年及1998年都曾经晋级十六强。队中每位球员都能独当一面，整体踢法极具侵略性，是20世纪八九十年代一支开始崛起的国家足球队。尼日利亚国家男子足球队于1980年、1994年、2013年三度赢得非洲杯冠军，也于1996年获得奥林匹克运动会金牌。

亚 洲 杯

　　亚洲杯足球赛（AFC Asian Cup），简称亚洲杯，是由亚洲足球联合会举办的每4年一届的国际性男子足球锦标赛，属于亚洲区内最高级别的国家级赛事，参赛球队必须是亚足联成员。

图1-3-5　日本国家男子足球队

　　日本国家男子足球队（图1-3-5），是由日本足球协会负责管辖的日本足球代表队。20世纪90年代以来，日本足球水平突飞猛进，自1992年日本亚洲杯夺冠后，日本队又在2000年黎巴嫩亚洲杯、2004年中国亚洲杯和2011年卡塔尔亚洲杯中夺得冠军，是亚洲杯历史上夺冠次数最多的代表队。日本队曾6次征战世界杯，最佳战绩是在2002年韩日世界杯、2010年南非世界杯和2018年俄罗斯世界杯中进入十六强。目前，日本队可以代表当今亚洲足球运动最高水平。

欧冠联赛

欧洲冠军联赛（UEFA Champions League）有许多种中文翻译和简称，如欧冠、冠军杯、欧洲冠军杯、欧洲足球冠军联赛等，但是欧洲冠军联赛才是欧洲足球协会（简称"欧足联"）对其正式的中文翻译。它是欧足联最有声望的一项俱乐部赛事，前身是1955/56赛季创建的欧洲俱乐部冠军杯赛，1992年欧洲足联对这项杯赛的赛制和名称进行了修改。皇马马德里足球俱乐部（图1-3-6）和AC米兰足球俱乐部是欧洲冠军联赛最成功的两个俱乐部。如果算上欧洲冠军杯时代，一共13次夺冠的皇家马德里是战绩最辉煌的，在它之后是7次夺冠的AC米兰和5次夺冠的利物浦。

图1-3-6　皇家马德里足球俱乐部

皇家马德里足球俱乐部（Real Madrid Club de Fútbol），简称皇马，是一家位于西班牙首都马德里的足球俱乐部，球队成立于1902年3月6日。皇家马德里至今已夺得13次欧冠冠军（夺冠次数为欧洲足坛第一）、33次西班牙足球甲级联赛冠军（西甲第一）、19次西班牙国王杯冠军、10次西班牙超级杯冠军、4次欧洲超级杯冠军、5次国际足球俱乐部杯世界冠军。

南美解放者杯

　　南美解放者杯（Conmebol Libertadores）是一项在南美洲各支顶级球会之间竞争最高荣誉的国际足球赛事，赛事等级相当于欧洲冠军杯。欧洲冠军杯的成功举办，促使南美足球联盟决定举办本联盟10个加盟国最强俱乐部之间的南美冠军争夺赛，并将其命名为"南美大陆解放者杯"。1960年正式开始了这一赛事，起初参赛的只是各国国内联赛的冠军队，从1966年开始由各国联赛的冠亚军队参加。

　　博卡青年竞技足球俱乐部（图1-3-7）名闻于世界。主场位于阿根廷首都布宜诺斯艾利斯的博卡区。博卡青年足球俱乐部拥有18个国际赛大奖纪录，包括6次赢得南美解放者杯、3次丰田杯以及32次获得阿根廷甲组联赛冠军。

图1-3-7　博卡青年竞技足球俱乐部

亚冠联赛

　　亚洲足球俱乐部冠军联赛（AFC Champions League），简称亚冠，或亚冠联赛。是由亚足联承办的代表亚洲足球俱乐部最高竞技水平的洲际赛事。

　　广州市恒大淘宝足球俱乐部（图1-3-8）是中国广州市的一所职业足球俱乐部。截至2019年，广州市恒大淘宝足球俱乐部已连续8次获得中超联赛冠军，是获得中国足球超级联赛冠军次数最多的球队，并获得4次中国足球超级杯冠军和两次中国足协杯冠军，两次亚冠联赛冠军。

图1-3-8　广州市恒大淘宝足球俱乐部

◉ 想一想

　　能不能在本章中挑选你熟悉的一项赛事举例说出2～3支球队的名字。

◉ 试一试

　　尝试说出下图赛事和球队名称（图1-3-9）。

图1-3-9　试说出赛事和球队名称

足球哲学——做事情一定要有耐心

在足球比赛中想取得胜利，就需要进球，但进球往往不能一蹴而就。在暂时没有得到机会的情况下，一定要有耐心，具有良好的心态才能稳中求胜，坚持自己的打法，进球是迟早的事情。在生活中遇到困难时总需要时间来解决，所以，首先不能急于求成。持之以恒的耐心是收获成功的保障（图1-3-10）。

图1-3-10　耐心

第四章　足球比赛场地

一、场地表面

　　比赛场地首选天然草坪，其次在竞赛规则允许的情况下可以选择全人工草坪，也可以选用天然和人造草坪混合的场地（图1-4-1、图1-4-2）。

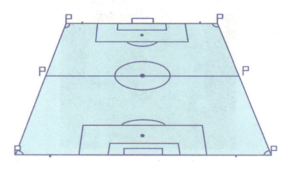

图1-4-1　比赛场地

图1-4-2　草坪足球场地

二、场地标记

（1）比赛场地必须是长方形。两条较长的边界线叫边线，两条较短的线叫球门线。

（2）比赛场地被中线划分为两个半场，该中线与两条边线相交于边线中点。

（3）在场地中线的中点处做一个中心标记，以该中点为圆心，9.15米（10码）为半径画一个圆叫中圈。

（4）所有线的宽度必须一致且不得超过12厘米，球门线必须与球门柱和横梁的宽度相同。

（5）队员在赛场内做未经许可的标记属于非体育行为，必须予以警告。如果裁判员在比赛中发现了这种行为，当比赛停止时他必须警告该犯规队员。

三、足球场尺寸

边线的长度必须长于球门线的长度（图1-4-3）。

长度（边线）：　　最短90米（100码）。

　　　　　　　　　最长120米（130码）。

长度（球门线）：最短45米（50码）。

　　　　　　　　　最长90米（100码）。

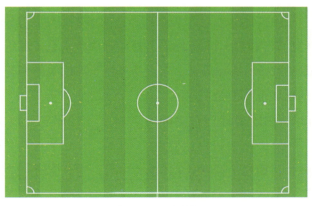

图1-4-3　足球场

四、国际比赛场地规格

长度（边线）：　最短100米（110码）。

最长110米（120码）。

长度（球门线）：最短64米（70码）。

最长75米（80码）。

五、球门区

从距每个球门柱内侧5.5米（6码）处，画两条垂直于球门线的线，这些线伸向比赛场地内5.5米（6码），与一条平行于球门线的线相交，由这些线和球门线组成的区域范围便是球门区（图1-4-4）。

图1-4-4　球门区及其尺寸

六、罚球区

从距每个球门柱内侧16.5米（18码）处，画两条垂直于球门线的线，这些线伸向比赛场地内16.5米（18码），与一条平行于球门线的线相交，由这些线和球门线组成的区域范围便是罚球区。

在每个罚球区内距离球门柱之间中点11米（12码）处设置一个罚球点（图1-4-5）。

在罚球区外，以距每个罚球点9.15米（10码）为半径画一段弧。

图1-4-5　罚球点到球门的尺寸

七、角球区

在比赛场地内，以距每个角旗杆1米（1码）为半径画一个四分之一圆，由这段弧线与边线和球门线组成的区域范围是角球区（图1-4-6）。在场地每个角上各竖一根至少1.5米（5英尺）高的平顶旗杆，上系一面小旗。

图1-4-6　角球区

◉ **想一想**

罚球区内所有情况守门员都可以用手触球吗（图1-4-7）？

图1-4-7　守门员手触球

⊙ 知识窗

你知道足球场罚球区的作用有哪些吗？

（1）守门员在本方罚球区内可以用手触球。

（2）队员在本方罚球区内违反足球竞赛规则第十二章，可判为直接任意球犯规中的任何一种时，都应判罚点球。

（3）踢球门球或在本方罚球区内踢任意球时：

① 对方应退出罚球区。

② 必须把球直接踢出罚球区，比赛才能恢复。

（4）罚球点球时，除主罚队员与对方守门员（图1-4-8）外，其他队员均须在罚球区及罚球弧外的场内、罚球点的后面；当球被踢并向前移动时，比赛即为恢复，此时队员方可进入罚球区。

图1-4-8　守门员

足球哲学——要做一个勇敢的人

　　足球是一项需要身体接触和拼抢的运动，赛场上瞬息万变，很多情况下只能义无反顾地冲上去。在需要争头球的时候，哪怕对手人高马大也要奋不顾身顶上去，如果退缩可能就会被对方进球！学生在生活中有父母的保护，老师的关怀，没遇到过什么大风大浪，踢足球，可以让学生明白在困难面前，必须做一个勇敢的人。

第五章 足球运动热身

学习目标

1. 养成运动前热身的好习惯。
2. 学习通过热身提高身体温度，防止受伤。
3. 掌握正确的热身方法，提高神经的兴奋性，尽早进入训练、比赛状态。

足球比赛前的热身运动（图1-5-1）是非常重要的，赛前有良好的准备运动，不仅能让我们迅速进入比赛状态中，还能保证更好地完成技术动作，并最大程度地避免运动伤害。

图1-5-1　足球热身运动

一、赛前热身的目的

赛前热身可以调整呼吸系统、循环系统，促进体温上升；防止身体受伤，进行肌肉、关节及神经系统的调节；振奋精神，稳定情绪，缓解和消除紧张心理（图1-5-2）。

图1-5-2　赛前热身运动

二、赛前热身的程序

（1）慢跑：逐渐提高强度。随后可增加各种步伐移动。

（2）牵拉伸展：韧带、关节拉伸。

（3）行进操：行进中从上到下有节奏地做徒手动作。

（4）有球练习：传球、运球、射门练习。

（5）轻对抗性练习：抢圈游戏、小范围内对抗抢截。

三、赛前热身的注意事项

1. 整体热身需要注意的事项

（1）身体必须达到微汗的效果。热身不能太兴奋。

（2）热身的时候要随准备活动的步骤逐渐增加运动强度。

（3）热身的时候要切合比赛，或者根据比赛训练课的主题选择传球、射门、对抗性练习等。

（4）开始热身时应该注意保暖，保持身体的温度。

（5）热身的同时要观察场地的情况，避免造成不必要的损伤（图1-5-3）。

图1-5-3　球场伤病

2. 具体热身需要注意的事项

（1）各种各样的跑：首先进行慢跑，强度逐渐提高。随后可变换成侧滑步、倒退、交叉步和变向跑、加速跑等。还可以选择后踢腿、高抬腿、内踢、外踢等。要轻松呼吸放松慢跑，跑出汗后再做操。

（2）行进操：如果是一支球队，动作一定要整齐、富有节奏。可以进行扩胸、振臂、体转、内外摆腿、踢腿等徒手动作。

（3）牵拉伸展：牵拉伸展练习应柔缓，避免快速、激烈。可适度保持固定姿势，保持10~20秒。呼吸节奏适度放慢，配合深呼吸。如果肌肉感觉到剧烈疼痛，要停止牵拉。

（4）结合球的活动：在运动中做拨球、踩球、扣球、拉球、踩球等动作，两人跑动传接球，自己跟着感觉自由地尝试各种动作。

（5）轻对抗练习：在愉快轻松的氛围里进行抢圈练习，逐渐进入兴奋状态。在小范围对抗抢截中渐渐提高动作速率，适当进行身体接触，慢慢适应比赛强度。

足球准备活动图解

1. 头颈部位（图1-5-4、图1-5-5）

图1-5-4　主要拉伸
颈部肌肉（斜方肌）

图1-5-5　主要拉伸
颈部肌肉（胸锁乳突肌）

2. 上肢部位（图1-5-6、图1-5-7）

图1-5-6　主要拉伸
上臂（肱三头肌）

图1-5-7　主要拉伸
上臂（三角肌）

3. 躯干部位（图1-5-8～图1-5-11）

图1-5-8　臀大肌、
大腿后侧肌牵拉

图1-5-9　背阔肌、
髂腰肌牵拉

图1-5-10　背阔肌、
腹外斜肌牵拉

图1-5-11　腹直肌、
股四头肌牵拉

4. 下肢部分（图1-5-12～图1-5-15）

图1-5-12　大腿肌群、
臀大肌牵拉

图1-5-13　大腿内侧肌肉、
股内肌牵拉

图1-5-14　腿部后侧、
肱二头肌、腓肠肌牵拉

图1-5-15　大腿肌前群
（股四头肌）牵拉

⊙ **想一想**

运动中我们身体容易受伤的位置有哪些，通过哪种准备活动动作能够最大限度避免伤情的出现？

⊙ **训练拓展**

假设你是队长，负责今天比赛前的准备活动，你会怎么设计内容？

足球哲学——要善于思考

要想赢得足球比赛不仅需要良好的身体素质还需要善于思考的大脑。比赛中取得进球不是一件简单的事情，想进球就需要丰富自己的打法。哈维和伊涅斯塔是两个喜欢用脑子踢球的队员（图1-5-16）。身体弱小的他们从来不会选择和人高马大的对手正面交手，他们常常会利用聪明巧妙的传跑配合寻找到对方的软肋为球队攻城拔寨。他们是西班牙国家队的中场指挥官，是巴塞罗那的大脑。凭借他们的聪明才智帮助西班牙和巴塞罗那赢得了一个又一个冠军。我们在平时也要勤于思考，了解自己的优势在哪里，不断完善弱势，利用自己的智慧去解决问题。

图1-5-16　哈维和伊涅斯塔

第六章 足球场上的礼节与行为规范

学习目标

1. 掌握并学会足球比赛中运动员的礼节。

2. 了解足球比赛、训练基本行为规范。

3. 能够在比赛或训练中养成良好的礼节习惯。

　　足球礼节的实质是足球运动参与者对自我与他人的尊重。足球礼节（图1-6-1）既代表了一个国家、一个地区足球运动发展的成熟程度，也代表了足球运动参与者的素质水平。这些礼节渗透了赛场上下的每一个细节。

图1-6-1　足球礼节

足球运动员训练规范

（1）参加训练不能迟到、早退（有事、有伤病必须请假）。

（2）不论是走向训练场地还是从训练场地归来均应自然列队行进。

（3）训练前将自己的书包整齐放好、各种装备也应整齐叠好放在指定位置。

（4）训练时服装要规范，要穿戴好足球训练服、足球鞋、足球袜、护腿板。

（5）爱护训练器材，训练中规范摆放，训练结束后积极收回。

（6）训练时要积极，精力要集中，在训练中如果与队友碰撞应相互理解、帮扶，主动道歉或以其他方式表示歉意及友好。

（7）训练结束时，所有运动员应集合听教练总结。教练讲话时队员应全神贯注，目视教练。总结结束时齐声向教练致谢。

（8）训练结束后带好自己的物品，随手捡起身边的垃圾，保持场地干净，不能给场地带来污染。

（9）教练不在时，足球运动员必须服从队长指挥。

（10）训练场上，不可说脏话，禁止一切暴力行为（图1-6-2）。

图1-6-2　训练足球礼节

足球运动员比赛礼仪

（1）尊重比赛。每一场比赛都是一种锻炼和累积经验的过程，因此要认真对待每一场比赛。

（2）尊重对手。只有尊重对手，才能在与强劲对手竞争时发现自己的不足，总结经验教训，取人之长补己之短。与较弱的对手比赛同样要全力以赴，不可消极怠工（图1-6-3）。

图1-6-3　比赛心态

（3）尊重队友。足球项目是集体竞技项目，在比赛中，队员之间的相互配合是技战术发挥的基础。队员应团结奋进、顾全大局、尊重队友、相互鼓励。

（4）尊重裁判。裁判员是确保比赛规则执行的法官，他们代表着规则与秩序、公正与公平。无条件地尊重裁判是运动员最基本的礼仪之一。

（5）尊重观众。再精彩的体育比赛，没有观众的喝彩和支持，都是不完整的。运动员应该珍惜观众的支持，对观众负责，在比赛中全力发挥运动竞技水平，尊重观众欣赏比赛的权利。

⊙ 想一想

以下图片中运动员做了什么？他们的行为是好是坏，是否符合足球场上的行为规范？

（1）赛场上运动员应该把精力集中在踢球上，而不应斗火斗气。

（2）危难之时应互相帮助，友谊第一才是真正的体育精神（图1-6-4）！

图1-6-4　应互相帮助

（3）用微笑和握手的方式来化解一次激烈的碰撞会让你更好地继续投入比赛（图1-6-5）。

图1-6-5　要尊重对手

（4）对裁判员表示异议会使你陷入浮躁的情绪，也不会给裁判员带来好感，这种表示不利于你随后比赛的发挥。

（5）足球是用脚踢，而不是用嘴说，请用精彩的进球来证明你的价值。

（6）冲动之下指责裁判不能解决问题，相反会让你受到更糟糕的纪律处罚。

（7）足球是一种游戏，没有什么比队友间的感情更加珍贵（图1-6-6）。

图1-6-6　队友情感

（8）勇猛拼抢是足球比赛的一部分，它不同于粗暴！请你正确对待（图1-6-7）。

图1-6-7　勇猛拼抢

（9）足球赛场上要严厉打击危及对方安全的粗野动作和行为，比赛中我们要始终清楚自己该做什么不该做什么（图1-6-8）！

图1-6-8 不应恶意犯规

⊙ **知识窗**

比赛中教练员应具备的十种素质：

规范言行，尊重裁判，尊重观众，冷静头脑，控制情绪，

保持专注，引导战术，及时调整，了解队员，保持风度。

足球裁判执法戒律：戒偏，戒怒，戒贪，戒情，戒傲，戒无精气神戒优柔寡断，戒火上浇油，戒自我表演，戒喧宾夺主，戒先入为主，戒主观臆断，戒一孔之见，戒尺度过宽，戒尺度过严，戒尺度不稳。

足球哲学——学会控制自己的情绪

比赛无论遇到多少困难，在逆境中我们都应保持冷静。比赛中如果没有控制好自己的情绪，一时冲动做出鲁莽的动作，就可能会被出示黄牌警告甚至红牌罚下，给自己的球队带来严重的打击。我们在生活中也应学会克制，懂得控制住自己的情绪。不善于管理情绪，很容易伤害到家人和朋友，甚至会给自己带来更大的麻烦（图1-6-9）。

图1-6-9　控制自己的情绪

第七章　足球比赛中的犯规与不正当行为

犯规程度对应的纪律处罚

犯规程度及处罚，见表1-7-1。

表1-7-1　犯规程度及处罚

无纪律处罚		"草率地"一词表示队员在争抢时没有什么预防措施，缺少注意力或考虑。如果认定为"草率地"行为，不必给予纪律处罚
黄牌		"鲁莽地"，表示队员的行为完全不顾及对方的危险以及因自己的行为带来的危险性结果。这种情况下队员应该被警告

红牌		"使用过分的力量"，表示队员使用完全不需要的、过分的力量危及对方安全。队员如使用过分的力量必须被罚出场地

　　我们可以控制自己，可我们控制不了对手。也就是说我们在赛场上也许会遭遇对方恶意犯规，这时一定要控制好自己的情绪，不要对其施加报复性动作，最好的方式就是在接下来的比赛中，用场上优异的表现予以回击，靠实力征服对手，为自己赢得尊重。

构成直接任意球的犯规

一、判罚直接任意球的犯规行为

足球比赛中如果裁判员认为一名场上队员草率地、鲁莽地或使用过分力量对对方队员实施如下7种犯规行为中的任何一种，其将被判罚直接任意球（图1-7-1～图1-7-7）。

图1-7-1 冲 撞

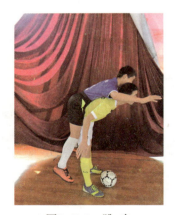
图1-7-2 跳 向

图1-7-3 踢或企图踢

图1-7-4 推 搡

图1-7-5　打或企图打

图1-7-6　用脚或其他部位抢截

图1-7-7　绊或企图绊

如果场上队员实施如下犯规行为中的任何一种，也会被判罚直接任意球。

（1）故意手球（不包括守门员在本方罚球区内）。

（2）使用手臂等部位拉扯、阻止对方队员行动。

（3）在身体接触的情况下阻碍对方队员移动。

（4）向对方队员吐口水。

二、游戏：小小裁判员

裁判员您好，请您对下面的动作做出正确的判罚（图1-7-8）。

图1-7-8 游戏：小小裁判员

⊙ **知识窗**

如果一名场上球员以危险的方式进行比赛，则会被判罚间接任意球（图1-7-9）。

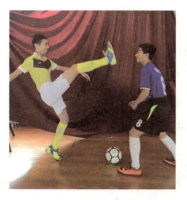

图1-7-9 球员危险方式

足球哲学——人生要敢于尝试

在足球场上大部分进球是在罚球内完成的，遇到对方密集防守、久攻不下时，想取得进球最好的方式就是"突施冷箭"。在瑞典对战英格兰的比赛中，瑞典队迟迟没有破门机会，在英格兰门将哈特一次出击解围时，瑞典球星伊布（图1-7-10）在罚球区外做出了惊人之举，距离球门40米，他竟然选择了倒钩射门。超远距离倒钩球射进我们从未见过，但是伊布的尝试成功了！凭借伊布这意想不到的非常规技术动作，瑞典队战胜了英格兰。自古成功在尝试。不尝试新的做法，永远都不会进步。勇敢的尝试是成功的一半。我们在工作、学习中遇到过不去的难关，也要勇于大胆尝试。

图1-7-10　瑞典球星伊布

第八章 足球比赛阵型

学习目标

1. 了解足球比赛阵型的发展演变过程。
2. 熟知3~5种比赛阵型的特点。
3. 掌握制定比赛阵型的意义所在。

一、比赛阵型的概念

　　足球比赛阵型是指参与比赛的队员在场上的位置排列、攻守力量配备和职责分工的基本形式。阵型的序列一般从后向前，依次为守门员、后卫、前卫和前锋（图1-8-1）。

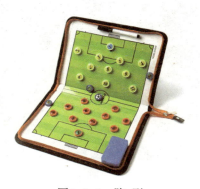

图1-8-1　阵　型

二、比赛阵型的演变与发展

　　随着现代足球运动的发展，攻守矛盾的转化，运动员技、战术能力的提高，竞赛规则的修改，以及人们对足球比赛规律认识的加深，足球比赛阵型也得到演变和发展。自19世纪中期世界上的第一个足球比赛阵型到"442""433""352"等阵型，再到某些国家采用的"水泥式""锁链式"阵型，这些阵型都是沿着这一个客观规律演变和发展的。

三、比赛阵型的战术目的和意义

（1）阵型目的：争取主动、占据优势、取得胜利。

（2）阵型的意义：合理分配攻、守力量，保证球队攻守平衡。明确职责任务，保证攻守活动的有序和有效进行。适合队员特点，充分发挥球员的最大能力。

基本比赛阵型的介绍

一、442阵型

"442"阵型是一种目前被认为最平衡、最有效的阵型。可以说是当前主流球队的首选。很多阵型都是由它演变的。英格兰、意大利、荷兰等国家队使用的就是这种现代足球最基本的阵型（图1-8-2、图1-8-3）。

图1-8-2　中场碗形站位　　　　　图1-8-3　中场菱形站位

二、433阵型

"433"阵型是比较有攻击力的一种阵型，通过边路的突破撕开防守。巴西、葡萄牙以及很多拥有边路好手的球队都使用这种阵型。著名的巴塞罗那足球俱乐部（简称巴萨）曾经使用的就是433阵型，梅西、苏亚雷斯、内马尔等人让巴萨的433阵型的攻击力非常可怕（图1-8-4、图1-8-5）。

图1-8-4　433双后腰阵型　　　　图1-8-5　433一个后腰双前腰阵型

三、352阵型

"352"这种阵型是在中场投放多名球员，中场人员相对占优，但对边卫的能力要求较大。采用这种阵型的球队，教练更为重视对中场的控制权。中场5名球员在进攻和防守时都可以抽调人员前压或者后退，阵型变化比较灵活，进攻时采用352阵型，退回防守时可以演变成532阵型（图1-8-6、图1-8-7）。

图1-8-6　352两个前腰阵型　　　　图1-8-7　352双后腰的阵型

设计比赛阵型时需考虑的因素

队员的能力

对手的特点

球队的情况

比赛的目的

比赛的性质

比分的情况

图1-8-8　设计比赛阵型时需考虑的因素

◉ **想一想**

你最喜欢的足球比赛阵型是什么，它的实用之处在哪里？

◉ **知识窗**

足球比赛中，一场比赛由两队参加，每队最多可有11名上场队员，其中1名必须为守门员。如果任何一队场上队员人数少于7人，则比赛不得开始或继续。

请你在这个战术背景板上设计一种由11名理想球员组成的最强大阵型（图1-8-9）。

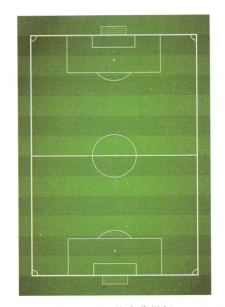

图1-8-9 战术背景板

足球故事——机会总是留给有准备的人

　　曼联（曼彻斯特联足球俱乐部）球员索尔斯克亚（图1-8-10）在球队效力期间大部分时间都是以替补身份坐在板凳上，即便遭遇下放预备队，他依然兢兢业业地比赛，哪怕只有一分钟代表球队出场，他都无怨无悔。但球队每每到危急时刻，弗格森就派上索尔斯克亚，他总是能够用进球来拯救整个球队。加盟曼联征战英超，他为球队立下了无数传奇战功，因此，在球队中索尔斯克亚的价值不逊色于任何一名主力球员。今天索尔斯克亚已经成为曼彻斯特联队的主帅。在球队中，你不一定是主力球员，也有可能在替补席默默地观望着，但要随时做好上场准备，迎接机遇面对挑战。因为机会往往是留给有准备的人的。

图1-8-10　曼联球星索尔斯克亚

第九章 守门员

学习目标

1. 了解足球运动守门员在比赛中的位置职责。
2. 了解守门员技术在比赛中的使用方法。
3. 通过本章全面了解守门员在球队中的重要性。

守门员位置简介

守门员位于球门前，是一个队的最后一道防线。主要任务是守卫球门不让球进入。由守转攻时，则用快速、准确的传球组织发动进攻。守门员是球队中唯一可在罚球区内用手处理球的队员，在争夺罚球区内的高空球时起到重要作用。一名出色的守门员必须身手敏捷、反应迅速，有准确的判断力，且有良好的扑救技术。此外，弹跳力和高大的身材也是一个优势（图1-9-1）。

图1-9-1　守门员布冯

有关守门员的规则

（1）足球竞赛规则明确规定每队11名场上队员中必须有1名守门员。

（2）在足球比赛中，守门员是唯一能用手触球的球员，但他们只能在本方罚球区内才能用手触球。

（3）守门员比赛的服装必须与其他球员的服装不同，以便分辨身份。

（4）守门员在本方罚球区内用手控制球超过6秒，则判罚间接任意球。

（5）同队队员故意将球踢给守门员，守门员不得用手触及。如违反规则将被判罚间接任意球。

（6）同队队员直接掷来的界外球给守门员，守门员不得用手触及。如违反规则将被判罚间接任意球。

守门员位置职责：

（1）组织防守。

（2）选择最佳位置。

（3）控制罚球区。

（4）发动进攻。

守门员技术

（1）当对方罚任意球时，守门员应指挥组织"人墙"（图1-9-2）；对方罚角球时也应提醒同伴盯住某个对手。

图1-9-2 "人墙"

（2）守门员应根据球和对手与同伴的位置来不断调整自己的位置（图1-9-3）。

图1-9-3 守门员位置

（3）当对手突破最后一个后卫，与自己形成一对一局面时，应选择正确的时机出击，封住或缩小对手的射门角度，扑抢脚下球（图1-9-4）。

图1-9-4　寻找正确出击时机

（4）守门员行动要果断、有气势，以保证能接到或击到球。为避免与本方队员发生冲撞，出击时应向同伴呼叫（图1-9-5）。

图1-9-5　出击时向同伴呼叫

（5）由守转攻时守门员往往是新一轮进攻的组织者，为此一得到球后应快速准确地将球发到对方防守薄弱的区域，守门员要多用手掷球，避免盲目踢高远球（图1-9-6）。

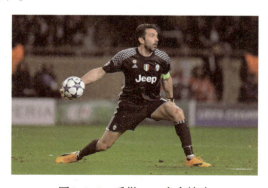

图1-9-6　手抛——由守转攻

⊙ **想一想**

在比赛进行中，本方队友回传给守门员的球，守门员可以用手接吗？

⊙ **知识窗**

吉安路易吉·布冯（Gianluigi Buffon），1978年1月28日出生于意大利卡拉拉，是意大利职业足球运动员，司职门将，现效力于尤文图斯足球俱乐部（图1-9-7）。布冯于1997年首次代表意大利成年国家队出场。2006年，布冯帮助意大利国家队夺得第18届世界杯足球赛冠军。2006年7月，布冯获得雅辛奖。2012年，布冯帮助意大利国家队获得第14届欧洲杯足球赛亚军。2017年10月24日，当选FIFA2017年度最佳门将，入选FIFA2017年度最佳阵容。2017年11月14日，意大利队无缘2018世界杯正赛，赛后布冯宣布自己从国家队退役。

图1-9-7　吉安路易吉·布冯

足球哲学——多从自己身上找问题

　　法国新星姆巴佩（图1-9-8）为人十分低调谦逊，在巴黎圣日耳曼球队中他是最优秀的一个人，无论是球技还是对人的态度。虽然他天赋异禀，但他还是谦虚地向前辈请教各种问题，所以几年的时间他自身各方面能力不断提高，并于2018年成为俄罗斯世界杯上最闪耀的球员。比赛中失球、输球的情况常有，有人会埋怨队友做得不够好，这种方式非常不利于个人提高。但姆巴佩每次都能很好处理。生活中，遇到各种问题时，他会先自我反省，看看自己有没有把事情做完美、做到位。如果做得不好，就思考如何进步。如果自己做得好，也要给伙伴多一些鼓励。

图1-9-8　法国新星姆巴佩

第十章 后卫

学习目标

1. 了解足球运动各种后卫在比赛中的位置职责。
2. 了解中后卫和边后卫技术在比赛中的不同特点。
3. 通过本章全面了解后卫队员在球队中的角色，为参加比赛奠定理论基础。

边 后 卫

一、个人防守任务

边后卫（图1-10-12）的主要职责是防守。防守形式变化较多，边后卫首先会在自己防守的区域内盯人，不管哪一个对手进入防区，任务是紧盯他。特殊情况边后卫也会选择着重盯住某一对手，甚至离开自己的区域。对方从本侧进攻时，边后卫应紧盯对手，不让对手轻易地接球或转身。

图1-10-1　边后卫马塞洛

二、保护队友

一旦被对手突破，会有队友前来补位，此时边后卫应立即弥补中卫的位置。当对方从一侧进攻时，异侧的边后卫应向中间靠拢保护，同时要注意自己身后对手的活动，要兼顾球与人。当对方向中路进攻时，应适当向中间收拢，以便起到保护作用。

三、参与进攻

现代足球的"全面型"打法，要求边后卫是一个中场的组织者、进攻的参与者。他应做到：接应—组织进攻—插上进攻（运球突破，传中，射门等）。这是现代足球"全攻全守"的一个重要标志。

四、技术要点

（1）防守时要尽力将对方控制在外线。
（2）防守原则，把对手和本方球门隔开。
（3）准确判断，看准时机进行抢断。
（4）观察场上情况，保持控球权。
（5）反击时快速将球传到对方的危险地带。
（6）积极助攻，频繁地向前插上。
（7）掌握娴熟的传中技能。
（8）具备射门的技术能力。

⊙ **想一想**

世界上有代表性的边后卫球员有哪些？

⊙ **知识窗**

罗伯托·卡洛斯是世界最著名的边后卫球员（图1-10-2）。1995年，卡洛斯登陆欧洲联赛加盟意甲球队国际米兰。1996年，卡洛斯转投西甲球队皇家马德里。卡洛斯的足球生涯曾为国家队和俱乐部夺得过1次世界杯冠军、2次美洲杯冠军、3次欧洲冠军联赛冠军、4次西甲联赛冠军等多项荣誉。2012年8

月1日，罗伯托·卡洛斯正式宣布退役。罗伯托·卡洛斯曾被认为是世界最好的左后卫，他最擅长利用他的速度摆脱对方球员向前推进，快速地带球到锋线上。凭借出色的进攻能力、卓越的跑动和一脚不俗的远射，卡洛斯得以成为足坛最优秀的边后卫。

图1-10-2　罗伯托·卡洛斯

中 后 卫

一、身体特点

中后卫（图1-10-3）通常身材高大，拥有良好的身体素质，头球能力和抢断技术出众。他们阅读比赛的能力也是一流的。

图1-10-3　中后卫卡纳瓦罗

二、防守职责

中后卫的主要职责是防守对方通向球门的中间通道。在这一区域出现漏洞，就会对本方球门造成直接威胁。由此可见，中后卫防守责任之重大。要完成防守的任务，仅靠一个中后卫是不够的，还需要和队友默契配合协同作战。大部分球队会选择两个中后卫平行站位。

三、进攻职责

防守是中后卫的本职工作。但是在本职工作之外，中后卫在必要时也要有一定的得分或组织能力，尤其是在全攻全守的战术体系下，显得越来越重要。定位球、头球争顶、前插，不论哪一项，只要具备其中一项，中后卫也可以是出色的得分手。

四、中后卫技术

（1）思维清晰：中后卫的思维必须清晰。中后卫所处的位置，是人视野中最开阔的位置，左、前、右，都能看得到，无论进攻还是防守，球在哪一个区域运行时，中后卫都应该清楚队员将要做什么，并且怎样去协助队友做好。

（2）配合默契：中后卫出色的补位能力尤为重要。其应与队友各负其责，不断调整位置，管控区域。相互之间要随时沟通、保护、补位。

（3）组织进攻：中后卫要擅长后场发起进攻，准确的长传技术、快速的短传技术都是他必备的技能。现代足球要求他们不仅仅是把球从危险区域解围，而是把球控制下来，掌握控球权。

（4）插上助攻：中后卫不仅限于防守，还要伺机插上，直接参与进攻。优秀的中后卫往往具备出色的头球得分能力。

◉ 想一想

中后卫球员最重要的职责是什么，你最喜欢的中后卫有哪些？

◉ 知识窗

塞尔吉奥·拉莫斯·加西亚（图1-10-4），1986年3月出生于塞维利亚，为西班牙足球运动员，现在效力于皇家马德里足球俱乐部。拉莫斯·加西亚司职中后卫，是世界上最擅长头球进球的后卫球员之一。他的身体素质非常出色，身体对抗能力和速度在后卫中都出类拔萃，在后防线上具备球队领袖的气质。拉莫斯·加西亚具有极强的进攻欲，常常能够通过定位球的机会以头球破门。

图1-10-4　塞尔吉奥·拉莫斯·加西亚

足球哲学——服从团队

世界足球先生莫德里奇（外号"魔笛"）拥有上天赋予的出色的传球控球能力。但莫德里奇步步高升不仅仅是因为其出色的技术，更重要的是他总能把教练员的战术意图很好地贯彻到比赛中。2012—2017赛季的皇家马德里队拥有克里斯蒂亚诺·罗纳尔多（简称"C罗"）这样的世界巨星，齐达内教练指挥莫德里奇在中场尽可能为"C罗"传球，"C罗"不断进球的同时，莫德里奇也成为球队的助攻王。凭借出色的球技和良好的团队意识，他逐渐成为皇马的核心，获得金球奖，走向了成功。这里告诉我们即使教练觉得你是不可多得的天才球员，你的足球技术很精湛，在团队中，教练充当着统筹的角色，在比赛中也一定要听从教练的战术安排。生活中也是如此，在学校的时候，要服从老师的安排，个人永远要服从团队的安排（图1-10-5）。

图1-10-5　服从

第十一章 前卫

学习目标

1. 了解足球运动不同前卫队员在比赛中的位置职责。

2. 了解各个位置前卫队员在比赛中的不同特点。

3. 通过本章全面了解前卫队员在球队中的主要作用和打法。

前卫是一个球队的桥梁和攻守的枢纽，前卫队员应是队中技术和战术意识最全面、奔跑能力最强的人（图1-11-1）。一般前卫线由后腰、前腰、边前卫组成，根据各人不同的特点，能起到不同的作用。经验丰富、战术意识强、头脑冷静的前卫能起到中场指挥的作用；耐力出众、穿插灵活的前卫能起到串联全队的作用；纪律性强、拼搏顽强的前卫可控制住对方中场的关键人物。现代足球要求前卫进攻时前后左右大范围地交叉换位，频频插上射门，防守时快速回防到位。也有人说，足球得中场者得天下。

图1-11-1　前卫皮尔洛（左）

后　腰

一、定　义

后腰也称防守中场，是专门负责防守的中场球员，于中场负责阻截对手攻势，然后控球组织全队发动攻势。随着各个球队对防守重视程度的提高，单后腰已经比较罕见，各队多配双后腰甚至三后腰，其中至少有一名抢断能力出色的球员。

二、技术特点

（1）短传能力：如果没有直接助攻的机会，后腰就把球传给边前卫或者边锋，然后前插接应。大部分时间以短传为主、长传为辅，在中场负责调度，保证控球权。

（2）长传能力：大范围地转移。后腰需要有很强的长传球能力。很多时候需要直接发动长传进攻，把球送到对方最危险的区域。

（3）抢断能力：抢断是后腰主要工作之一，负责保护后防线，遏制对方的突破。所以后腰队员常常是场上跑动距离最长的队员。

（4）控球能力：后腰要有很强的控制能力，这对于他的空间感要求很高，这个位置的特点需要眼观六路，并且具备极强的运球能力（图1-11-2）。

图1-11-2　世界上最优秀的后腰队员哈维

射门能力：后腰须具备一定射门能力，尤其是中远距离射门。

加图索是一名意大利足球运动员，司职后腰，在2003年和2007年协助AC米兰队夺得欧洲冠军联赛冠军，2006年成为世界杯冠军队成员。他是一位不知疲倦、满场奔跑的防守型中场，虽然技术略显粗糙，但他的积极抢断和顽强作风成为许多教练愿意重用他的理由（图1-11-3）。

图1-11-3　格纳罗·伊万·加图索

前 腰

一、定 义

前腰是足球运动的一个中场位置，也称为"突前前卫"，负责为前锋输送进攻的"炮弹"。前腰也是组织核心，是前场传接配合的串联者。前腰球员需要有良好的控球技术、开阔的视野和极佳的大局观，故很多前腰球员身披10号球衣，为全队的中场核心甚至是灵魂人物。齐达内、贝隆、科斯塔、里瓦尔多、内德维德等都是世界上优秀的前腰运动员。里克尔梅曾被认为是"现代足球最后一个传统意义上的世界级前腰"。此外，现代足球也发展了另一种前腰，这种前腰突破能力很强，大局观不错，传球功夫也属于中上水平。不过这种前腰最厉害的还是后插远射和抢点。卡卡、杰拉德等人就是很好的例子。

二、技术特点

（1）控制能力：前腰需具备娴熟的控球能力，出色的盘带技术，如鬼魅般游离在对方防守三区。他们在活动区域寸土必争，无时无刻不争夺着空间与时间。

（2）传球能力：前腰需要适时地分球，洞悉球场上稍纵即逝的漏洞。

（3）射门能力：前腰需具备在狭小的空间内门前快速准确起脚的得分能力。

图1-11-4　齐内丁·齐达内

齐内丁·齐达内（Zinedine Zidane），1972年6月23日出生于法国马赛，为法国前职业男子足球运动员、教练员。球员时代司职前腰，绰号"齐祖"。齐达内无疑是世界足坛的标志性人物。其控球能力出神入化，球性极佳，能传能射。退役之后，他依然是一名伟大的足球教练员（图1-11-4）。

边 前 卫

一、定 义

边前卫站在中场一侧，灵活快速盘带、突破、传中起球、助攻等，同时也在积极创造射门机会。边前卫的职责包括防守和进攻，一般阵型一边只设一个边前卫，所以优秀边前卫要尽可能攻防兼备。

二、技术特点

（1）边路突破能力：边前卫的边路突破相较前腰中路的突破更有空间优势，因此边前卫都有一套娴熟的过人技巧。现代足球边前卫不仅要有过硬的传中能力，还要具备盘带内切的技术能力。

（2）创造空间：当球在中路发展时，边前卫则应选择时机以突然快速插上或拉边创造进攻空间。

（3）积极防守：本方一旦丢球，边前卫就应立即转为防守，在中场延缓阻滞对方进攻，随着对方进攻的推进而撤退，保护本方边后卫。

⊙ 想一想

前卫线各个位置有代表性球员还有谁，举例说出1~2名代表球员。

瑞恩·约瑟夫·吉格斯（Ryan Joseph Giggs），1973年11月29日出生于英国威尔士首府加迪夫，为前英国足球运动员，司职边前卫（图1-11-5）。球场上的吉格斯样样出色，有速度、有技术，能射门得分，还能为别人传球。自2018年1月15日起，吉格斯担任威尔士男子足球代表队主教练。

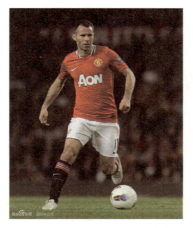

图1-11-5　瑞恩·约瑟夫·吉格斯

　　大卫·贝克汉姆（图1-11-6）是世界上最优秀的右边前卫之一，青少年时期在曼联成名，1999年、2001年两次获世界足球先生银球奖，1999年当选欧足联最佳球员，2001年被评为英国最佳运动员，2010年获得BBC终身成就奖。大卫·贝克汉姆效力过曼联、普雷斯顿、皇马、洛杉矶银河、AC米兰和巴黎圣日耳曼共6家俱乐部。

图1-11-6　大卫·贝克汉姆

足球哲学——要与别人多沟通

　　在赛场上，不管是有球的队员需要传球的时候还是无球的队员需要接球的时候，都要大声呼喊，把信息传达给同伴。赛场下，队员与队友、教练更应多沟通交流，才有助于更默契地配合。在生活中也是如此，我们一定要学会跟别人沟通。其实最大的沟通技巧，就是学会换位思考（图1-11-7）。

图1-11-7　沟　通

第十二章　前　锋

边　锋

一、定　义

边锋（图1-12-1）在边线一带活动。通常担任边路进攻的任务，其需具备良好的运球过人及射门能力。传中技术好、速度快、身体灵活，是边锋队员的特点，同时他们还应具备较好的门前包抄射门和抢点意识。

图1-12-1　边　锋

二、技术特点

（1）边路突破：通过带球突破或配合突破，打开边路缺口，进行传中或射门。

（2）利用空间：通过有球或无球的活动，扯动防守，拉出边路空当，让前卫或后卫插上。中路或异侧进攻时，拉边牵制防守，并随时准备接应转移传球。

（3）内切射门：沿边路带球，利用速度或假动作变向内切过掉防守球员，向中路突破并完成射门。这种情况一般见于右脚球员踢左路或左脚球员踢右路，内切之后正好是用自己的惯用脚完成射门动作。

⊙ 想一想

什么叫作下底传中？

中　锋

一、定　义

中锋（图1-12-2）是全队进攻的尖刀和主要得分手。其活动范围主要在前场对方罚球区附近。主要职责是利用熟练的过人技术和突破能力，突破对方的防线，寻找和制造战机射门得分。要求具备全面、细腻的技术，勇猛、顽强的作风。中锋要有强烈的射门愿望和优秀的射门意识、技巧，善于在千变万化的球场上及时抓住稍纵即逝的战机。

图1-12-2　中　锋

二、技术特点

（1）门前得分：克服对方抢截、冲撞等困难，在狭小空间内射门得分。

（2）头球得分：具备争顶头球能力和门前抢点能力。

（3）门前嗅觉：寻找空当，捕获战机，把握射门机会，以头球得分。

（4）射门愿望：具有极强的射门愿望，想尽办法把球送进对方球网。

⊙ 想一想

1. 每场比赛球队通常会派出几个前锋？

2. 讨论题。后卫凯普勒·拉韦兰·利马·费雷拉（昵称"佩佩"）的技术特点如下：

头球：9分。身高决定"佩佩"是一位头球高手。

速度：5分。速度不是"佩佩"的强项，转身是硬伤。

力量：9分。利用身体优势做出很好的防守抢位。

技术：7分。防守中常常采取犯规的方式。

面对强大的后卫"佩佩"，你认为哪个位置的类型球员最有可能突破他的防线（图1-12-3）？

图1-12-3 后卫"佩佩"

⊙ 知识窗

罗纳尔多·路易斯·纳扎里奥·达·利马（图1-12-4），1976年9月18日出生在巴西里约热内卢，巴西足球运动员，司职前锋。他于1996年、1997年、2002年三度获得世界足球先生，1998年当选世界杯最佳球员，2002年获得世界杯金靴奖，2010年获得巴西传奇巨星奖。

图1-12-4 罗纳尔多·路易斯·纳扎里奥·达·利马

足球哲学——要积极地面对生活

前国足主帅米卢蒂诺维奇最不愿意看到球员的沉重心态。背着包袱踢球是不能取得好成绩的。大赛之前，只要有闲暇，米卢蒂诺维奇就会热情地与球员一起玩各种游戏。通过游戏，缓解了压力，拉近了感情。通过这样的调整，队员们没有了负担，心情平和地对待每一场比赛。

再紧张的比赛，中国球员也不会再像过去那样紧张急躁，犯不该犯的错误了。看完十强赛，无论是足协官员还是球迷都承认，心理稳定是中国队最大的进步。这是游戏，也是人生。米卢蒂诺维奇宣称，足球应该是快乐的，不要赋予它太沉重的东西。"快乐足球"策略让中国队踢进了世界杯。足球给我们带来的不仅仅是荣誉，它首先是一件很快乐的事情。在生活中，总会有这样那样的不顺，但一定要用积极的心态去面对，办法总是比问题多！

图1-12-5　米卢蒂诺维奇

第十三章 防 守

学习目标

1. 了解足球比赛中常用的防守方法。
2. 了解足球比赛中的个人防守战术，并运动到实践中。
3. 了解足球比赛中的团队防守战术，并运用到比赛中。

个人防守战术

个人防守战术是为了控制对手所采用的个人行动，包括选位与盯人，断球与抢球。

一、选 位

选位是指防守队员根据位置职责和临场情况，选择适当的防守位置。

二、盯 人

盯人是指在正确选位的基础上，对防守的对手实施监控，或严密控制其进攻行动（图1-13-1、图1-13-2）。

选位盯人的要点：及时回位、正确选位、人球兼顾、保持队形、灵活应变。

图1-13-1 防 守

图1-13-2 防守球员马尔蒂尼

三、断 球

断球是指将对方的传球从途中截下来或破坏掉的战术行为。断球是转守为攻最主动、最有效的战术行动，能在对方来不及反抢的状态下进行快速反击。

断球要点：①正确的判断。判断对方的传球意图，预测时间和路线。②合理的位置。在选位的基础上，"松动"防守，诱其传球。③恰当的时机。球传出一刹那，先于对方接球队员插向传球路线，将其截断（图1-13-2）。

图1-13-3 内斯塔断球

四、抢球

抢球是指将对方控运的球抢过来或破坏掉的战术行动。抢球是重要的个人战术，是个人防守能力的重要标志。

抢球要点：①选择持球对手与球门之间运球必经之路站位。②通过移动与持球对手保持最适宜的距离。③在对手接控球未稳之时，或在控、运球两个触球动作之间的时机，出脚（图1-13-4）。

图1-13-4　拉莫斯抢球

局部防守战术

局部防守战术是两个或两个以上防守队员之间的配合方法，是集体防守战术的基础。

一、保 护

保护就是给予队友心理和行动上的支持（图1-13-5）。队友一旦被突破，可及时补防。队友之间选择不同角度，配合形成夹击。在保护的同时，要兼顾自己盯防的对手去接应。在防守过程中用语言提示队友，使防守配合更加协调。

图1-13-5 保 护

二、补 位

补位是防守队员弥补队友在防守中出现的漏洞时所采取的相互协助的战术配合。补位可有效地遏制和破坏对方的进攻行动，变被动为主动（图1-13-6）。

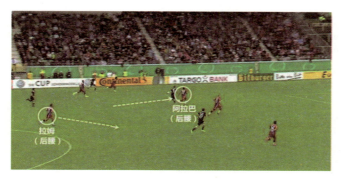

图1-13-6 补 位

三、围抢

围抢是一种攻击性很强的防守战术，能增加局部区域的防守优势，最大限度限制对方核心队员的发挥。围抢时应贴身逼抢，但切不可轻易犯规，导致失去最佳时机（图1-13-7）。

图1-13-7　围抢

整体防守战术

整体防守战术分为人盯人防守、区域盯人防守和混合盯人防守（以下介绍前两种）。

一、人盯人防守

人盯人防守是指所有的防守队员都固定盯住对方的一名队员，不论其跑到哪里，有球无球，都要紧紧盯住。这种防守方法通常用于小场地比赛或局部区域防守（图1-13-8）。

图1-13-8　人盯人防守

二、区域盯人防守

区域盯人防守指每一名防守队员占据一定的活动区域，当进攻者进入该防区时，实施严密盯人。这种方法能有效防守进入防区的进攻队员，但是容易造成防守地区以少防多的被动局面，并在临近的结合部位出现防守漏洞（图1-13-9）。

图1-13-9 区域盯人防守

⊙ **想一想**

防守比赛中最常运用的技术是什么？谈谈你的看法。

⊙ **训练拓展**

对手的角球传中战术屡试不爽。如果你是教练，会采取什么防守战术来抑制对方？

⊙ **知识窗**

在比赛中允许做合理冲撞，但必须符合以下条件。

（1）冲撞的目的在于争球。

（2）冲撞时球必须在双方都有可能控球的范围内。

（3）冲撞时不得向外张开双臂。

（4）冲撞时不可以使用过分的力量。

足球哲学——任何情况下都不要轻言放弃

　　英格兰后卫卡希尔（图1-13-10）在球场上作风硬朗，在防守中彰显大将之风。他最令球迷尊重的是永不放弃的精神。在对战比利时的比赛中，比利时队强大的进攻撕破了英格兰整条防线。就在大家望球兴叹的时候，卡希尔还在拼命回追，此时比利时队即将把球送进空门，就在比利时球迷准备庆祝的时候，卡希尔的身影神奇地出现在球门线前，倒地把线上的球踢了出来。卡希尔这次拼命回追救球大大提升了队友们的士气，英格兰队一举赢得了本场比赛的胜利。卡希尔的故事告诉我们永远不要轻易放弃自己的目标，就算距离遥远，坚持到最后就有可能成为胜利者。梦想还是要有的，万一实现了呢！

图1-13-10　英格兰后卫卡希尔

第十四章 进 攻

学习目标

1. 了解足球比赛进攻的几个基本手段。
2. 理解进攻技术之间的关系。
3. 理论知识结合实战训练进一步理解足球。

足球比赛是由攻和守这一对矛盾组成的，攻和守不断地变换组成了比赛的全过程。因此，足球战术可分为进攻战术和防守战术两大系统。比赛的实践已证明：成功地组织进攻战术是进球赢得比赛的重要因素（图1-14-1）。

图1-14-1 2019年亚洲杯小组赛
中国队于大宝攻入制胜球庆祝瞬间

传　球

　　传球是比赛中运用最多和最重要的技战术手段。精准地传球是个人进攻的锐利武器。传球技术水平的高低往往决定着比赛的胜负。比赛中可使用短传和长传；可直接传，也可以将球控制好再传。传球方向可分为直传、斜传、横传和回传。传球的目标可以是队友脚下，也可以是空当（图1-14-2）。

图1-14-2　传　球

跑 位

　　跑位是跑到有利于进攻的位置上去，以便控制球和创造好的进攻机会，或者为进攻制造更多的空间。跑位含有摆脱对手对自己的防守的作用。准确把握跑位的时间与空间，可达到最终射门得分的目的（图1-14-3）。

图1-14-3　跑 位

⊙ **知识窗**

　　成功的传球跑位取决于敏锐的观察、默契的交流、恰当的时机、合理的技术。

接　球

接球也称"停球"，是足球运动的一种基本技术，在比赛中可用除手、手臂以外的脚、大腿、腹部、胸部、头等部位接球，通常以脚为主。接球前需要观察和移动，为了更好地完成接球动作，事先要注意观察来球的情况。

传球、跑位与接应：

传球可以引导跑位。控球队员发现有利的传球点之后，用眼神、语言、手势等信号与跑位队员进行交流，同时将球传出，以此引导跑位。

跑位可以引导传球。跑位队员发现有利位置后，主动跑向该位置，以此引导队友传球。

接应的精神作用：持球队员有了更多的出球选择，制约了对方的防守封堵，保持控球权，提升了队友的自信心，让队友感受到不是一个人在战斗。

⚽ **拓展思考**

观察图1-14-4、图1-14-5了解传球和跑位的关系，展开讨论与分析，红队队员还有没有更好的跑位选择和其他传球的路线？

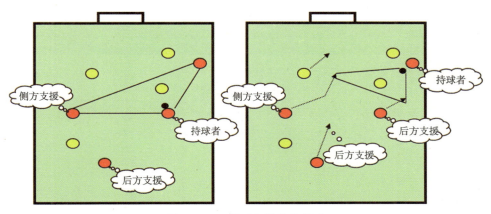

图1-14-4　传球与跑位的关系

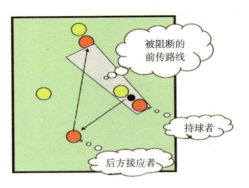

被阻断的前传路线

持球者

后方接应者

图1-14-5　接　球

运球突破

现代足球攻防技战术不断发展，一支球队要取得比赛的胜利，需要具有强大的整体攻防实力，除此之外，决定一场比赛的最终走势的，往往要靠球员的灵光一现，特别是在一对一，甚至一对多的情况下，来完成局部突破，最终形成优势，转化为胜势。因此，运球过人成为足球比赛进球前的亮点，中前场球员的运球过人能力，尤其重要。

常见的运球过人方法有强行突破、运球假动作突破、快速拨球变向突破、穿裆突破和人球分路突破等（图1-14-6）。

图1-14-6　运球突破

（1）运球突破是突破密集防守、创造射门机会的有效手段。

（2）运球突破是指冲破紧逼盯人，造成局部以多打少，觅得传球空当。

（3）运球突破是搅乱对方防线的最直接手段，有利于战术配合的完成。

（4）球员具有较高的个人突破水平，会丰富球队的战术打法。

⊙ **想一想**

为什么面对对方盯人防守战术，我们完成局部运球突破后就可以寻找到有效的进攻方法？

二过一战术

撞墙式传球，俗称二过一配合，是足球比赛中的一种摆脱防守方法。

（1）二过一配合一般都是短距离传球，多用出球准确、平稳的脚内侧传球。

（2）踢墙式二过一配合的"墙"不应是原地静止的，要快速跑动、调整位置、直接传球，以达到最佳效果。

（3）二过一配合的控球队员要有运球突破的意识和行动，把防守的注意力吸引过来，不要过早暴露二过一配合的意图。

（4）传球的方向、力量要恰到好处，特别是踢墙式二过一配合，第一传球力量不能太大，否则会影响第二传的效果。

（5）第二传的时机是二过一配合成功的关键，既要考虑队友的跑速和位置，又要考虑防守的位置和动向。

◉ 想一想

二过一进攻战术和一对一突破有什么不同？

◉ 训练拓展

在日常的训练中我们尝试通过积极的无球跑动可以达到什么样的效果？

足球哲学——必须懂得尊重别人

　　裁判员是足球场上最容易受攻击的角色，如果判罚不准确、有争议，就非常容易被双方队员埋怨。裁判员为了比赛的顺利进行而努力地服务，所以要尊重他们的劳动。我们每个人都会犯错误，无论是裁判还是球员，都难免出现失误，面对空门有时也会踢飞，所以要原谅和包容别人的错误。因为，错误有可能也会发生在自己身上。在生活中，我们要学会尊重别人。

第十五章 越 位

学习目标

1. 了解越位犯规的基本概念。
2. 理解处于越位位置的意义。
3. 结合比赛录像能够判断是否越位犯规。

　　越位是足球比赛中一个比较复杂的问题，是比赛中稍纵即逝的瞬间现象，具有较大的判罚难度（图1-15-1）。越位往往直接关系比赛的胜负，所以对于一场比赛而言，越位判罚的准确与否是至关重要的。无论是球员，还是足球爱好者，我们首先要深入理解越位规则的内涵和精神实质，才能正确地运用和参与到足球中去。

图1-15-1　越 位

处于越位位置

一、什么是处于越位位置？

队员处于越位位置是指该队员的头、躯干和脚的任何部分处在对方半场，且头、躯干和脚的任何部分较球和对方倒数第二名队员更接近对方球门线。手臂不包含在内（图1-15-2）。

图1-15-2　越位位置

二、什么是队员不处于越位位置？

进攻方球员与对方倒数第二名队员齐平或与对方最后两名队员齐平。仅仅处于越位位置并不意味着犯规发生。

越位犯规

处于越位位置的队员，在同队队员踢或触球的一瞬间，裁判员认为其干扰比赛、干扰对方获得利益时才会被判定为越位犯规。出现越位犯规，裁判员应判给对方踢间接任意球。

越位的概念解释如下。

一、干扰比赛

干扰比赛是指参与传递或触到队友传来或触到的球。

二、干扰对方

（1）明显地阻挡对方视线。

（2）妨碍对方处理球。

（3）影响对方队员处理球的能力。

（4）与对方队员争抢球。

三、在越位位置获得利益

在越位位置获得利益，是指①在越位位置得到从球门横梁或立柱反弹回来的球。②在越位位置接到从对方队员身上反弹回来的球。

足球越位规则实例分析

进攻队员接到同队9号队员的传球，为越位（图1-15-3）。因为他较球和最后第二名防守队员更接近于对方球门线，在越位位置干扰了比赛。

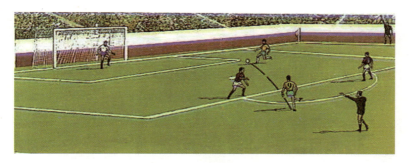

图1-15-3　越位范例

进攻队员接到同队8号队员的传球，不越位（图1-15-4）。因为当球被踢时，他齐平于对方倒数第二名防守队员。

图1-15-4　齐平防守队员不越位（1）

进攻队员9号不越位（图1-15-5）。因为当同队7号队员将球踢给他时，他齐平于对方倒数第二名防守队员。

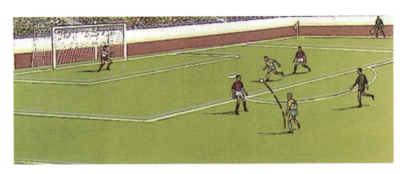

图1-15-5 齐平防守队员不越位（2）

队员直接接得界外球，不越位（图1-15-6）。

图1-15-6 队员直接接得界外球，不越位

进攻队员9号越位（图1-15-7）。因为9号球员对守门员处于越位位置，干扰了对方队员。

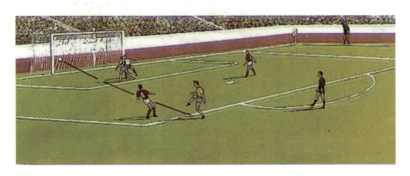

图1-15-7 在越位位置干扰对方队员，越位（1）

进攻队员9号越位（图1-15-8）。因为9号球员处于越位位置干扰了对方队员，且对守门员构成了干扰。

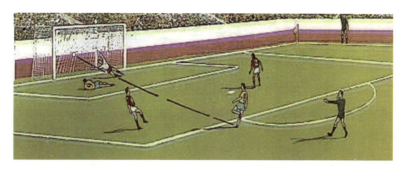

图1-15-8　在越位位置干扰对方队员，越位（2）

当同队10号队员踢球时，虽然一名进攻队员处于越位位置，但他不应被判罚越位，因为他没有利用越位位置获得利益，未干扰比赛，未干扰对方队员（图1-15-9）。

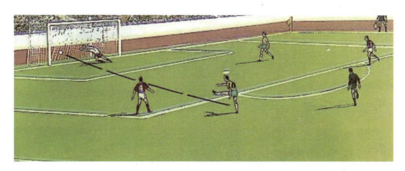

图1-15-9　在越位位置未干扰对方队员，不越位

6号队员踢出的球从门柱弹向一名处于越位位置的同队队员，他要被判罚。因为当球被踢时，他利用越位位置获得了利益（图1-15-10）。

图1-15-10　利用越位位置获得利益，越位（1）

同队队员踢出的球从守门员身上弹向处于越位位置的8号队员，他要被判罚。因为当球被踢时，他利用越位位置获得了利益，判罚越位犯规（图1-15-11）。

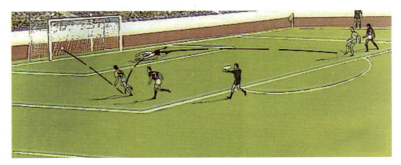

图1-15-11　利用越位位置获得利益，越位（2）

⊙ **想一想**

试想一下，判断一个球是否越位，是场上哪个裁判最终决定的？

⊙ **知识窗**

足球越位规则制定的背景：19世纪70年代初，足球运动开始在西方国家盛行起来，那时，普遍重视进攻，而不大注意防守，这从当时一些国家常用的比赛阵型（"1217""1226"）就可以看得清清楚楚。放在前面的锋线队员竟多达六七名。攻方攻到前场，就像决堤的洪水一样，势不可当；守方一抢到球，也往往容易偷袭成功。这样，由于进攻的人多，防守的人少，造成攻与守的力量极不平衡，严重地影响了球技和战术的发展与提高。另外，由于攻守双方缺少人数上势均力敌的对抗，比赛也就不那么激烈和精彩了。为此，一些人便在战术阵型上动脑筋，有些人则在规则上想方设法给进攻一方以适当的限制，越位规则便是在这样的背景下产生的。

⊙ **训练拓展**

6个人一组在足球场上模拟攻防训练，1人进行直传球，另外1人准备接球进攻；两人进行防守，余下两人充当裁判员和助理裁判员，判断每个球是否越位。

请你判断以下四种情况是否处于越位位置（图1-15-12）。

图1-15-12　判断越位位置

足球哲学——成功不会有捷径

　　任何成功的球员，依靠的都是在训练场上不断地挥洒自己的汗水，才能得到身体素质的磨炼及心理素质的提升。克里斯蒂亚诺·罗纳尔多（C罗）在足球场上极具天赋（图1-15-13）。他的训练强度极大，每天训练后都会加练力量，无论何时最后一个离开场地的都是他。C罗深知若想成为最好的球员，必须合理控制与健康相关的每个方面，因为这关系到他在球场上的表现。就这样，直到33岁，他依然保持良好的身体素质，站在世界足坛的顶级行列。一个人要想成为某个领域的佼佼者，必须刻苦修炼自己的"内功"。只有不断提升自身的综合素质，脚踏实地地前进，才能达到成功的目的。因为成功永远不会有捷径。

图1-15-13　C罗（左）

第十六章 裁判员基本手势及信号

学习目标

1. 了解裁判员哨声在比赛中的作用。
2. 了解助理裁判员规范的旗示。
3. 通过学习可以做出标准的判罚手势和旗示。

哨声是足球比赛中裁判员引导比赛的信号之一，是传递判罚信息的重要方式。准确及时的哨声能提升场内外人员对裁判员的信服感。运动员也应该了解裁判鸣哨的意图才能更好地投入比赛中。

裁判员场上需要鸣哨的情况

一、足球场上需要鸣哨（图1-16-1）的情况有哪些？

（1）比赛开始（上、下半场）、重新开始比赛均可以鸣一声长哨。

（2）裁判员停止比赛。

（3）判罚任意球或球点球。

（4）比赛需要暂停或中止。

（5）上半场或全场比赛时间结束。鸣两声短促哨，接一声长哨。

（6）重新开始比赛。

图1-16-1 鸣 哨

（7）踢任意球时，为保证规定的距离组织人墙，裁判员需示意鸣哨才能开始比赛。

（8）罚球点球。

（9）出示红黄牌后比赛重新开始。

（10）处理受伤。

（11）替换队员前后。

（12）若球的整体已经越过边线或球门线，而队员还未停止比赛，则应鸣哨示意。

（13）比赛中若出现严重的犯规，裁判员会以突发性的强烈哨音告知犯规队员犯规严重，对犯规者起到告诫作用。

二、鸣哨的方法与要求

哨声是裁判员使用的主要信号，必须准确及时，清脆果断。哨声虽不能代替复杂的语言，但在很大程度上足以表达出裁判员在执行判决时是否坚毅果断，信心十足。一般来说，对裁判员哨声的要求是，在判罚及时准确的基础上，鸣哨要清脆有力，强弱适度。如比赛开始、比赛时间终了或判某队胜一球的哨声应稍长，但也应适度。过长就会使人感到多余而厌烦。又如，判罚犯规的哨声，应根据犯规的轻重程度有所区别。如系一般犯规，只需长短适中，清脆有力的一声哨即可。如出现粗野、严重的犯规，就以突发性的有力强音，显示出规则不容触犯的威严。虽未使用语言，却要向犯规队员表达"你的犯规够严重"这样一种示意。哨声本身要对犯规队员起到告诫作用。

三、裁判员执哨的两种方法

1. 套在颈上，跑动时含在口中

套在颈上，跑动时含在口中的这种方法的特点是响哨快，从决定鸣哨到发出哨声不需任何准备过程。但缺点是裁判员对激烈比赛过于敏感而猝然响哨。某些微不足道的犯规，运用有利条款可不予判罚的，但由于哨声已响无法挽回。另一缺点是将哨含在口中，奔跑时甚感不便，对急促的呼吸也有一定影响。所以这种方法已经很少被使用。

2. 吊在腕上，跑动时拿在手中

吊在腕上，跑动时拿在手中的这种方法的优点是对跑动中急促的呼吸无影响。当裁判员看到犯规情况至含哨鸣响之前，对是否判罚或运用有利条款，有一瞬间的思考和再观察过程，不致发生一有情况就猝然响哨的缺点。这种方式被现在大部分裁判广为应用（图1-16-2）。

图1-16-2　裁判员执哨

裁判员的手势信号

手势是足球裁判员控制比赛的重要手段，裁判员通过标准的手势语言给出判罚信号（图1-16-3）。运动员只有读懂裁判员手势的意义，参与比赛才能更加得心应手。

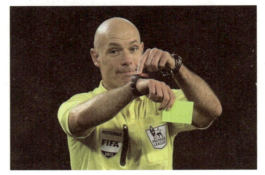

图1-16-3　裁判员的手势信号

一、间接任意球

单臂上举，掌心向前。此手势应持续到球踢出后，被场上其他队员触及或比赛停止时为止（图1-16-4）。

图1-16-4　间接任意球手势

二、直接任意球

单臂侧平举，明确指示踢球方向（图1-16-5）。

图1-16-5 直接任意球手势

三、罚球点球

单臂向前斜下举，掌心向前，明确指向罚球点（图1-16-6）。

图1-16-6 罚球点球手势

四、红黄牌

对队员罚令出场警告时，分别出示红、黄牌。出示红、黄牌时，应一手持牌直臂上举，面向被处罚队员，保持1~2米的距离，有短暂时间的停顿，使场内外均能看清是对哪名球员进行处罚（图1-16-7）。

图1-16-7　红黄牌手势

五、进攻有利

队员犯规后，裁判员运用有利条款而不判罚，应给以继续比赛的手势时，双臂或单臂前举面朝进攻方向示意继续比赛（图1-16-8）。

图1-16-8　进攻有利手势

六、界外球

裁判员身体面向边线球出界的地方，五指合拢胳膊抬起呈45°（图1-16-9）。

图1-16-9 界外球手势

七、球门球

裁判员面向球门五指合拢单臂平直向前举。当球员明确球权以后再将手臂放下。

图1-16-10 球门球手势

八、角 球

裁判员五指并拢单臂斜上举呈45°，指向执行角球的角球区。裁判的身体应该略微侧身转向角球区，当球员明确信号以后便可将手臂放下（图1-16-11）。

图1-16-11　角球手势

助理裁判员的旗示

根据规则规定，助理裁判员协助裁判员控制比赛。助理裁判员的旗示只是按规定的信号向裁判员提供建议，虽举旗示意，但不意味着比赛必然停止。如果裁判员对助理裁判员的旗示做出"不采纳"反应时，助理裁判员应适时收回旗示。至于是否判罚，应由裁判员决定（图1-16-12）。

图1-16-12　助理裁判员的旗示

助理裁判员的旗示应便于裁判员观察，必须时刻保持醒目。在跑动时旗面展开，并自然下垂（图1-16-13）。

图1-16-13　旗示动作

在沿边线往返跑动时，应习惯于灵活地换手持旗，使持旗的一臂朝向场内。持旗的手臂不应大幅度摆动，以免给裁判员造成错觉。

一、界外球

当球出界后，助理裁判员应当举旗，侧向将旗子指向获得球权的球队进攻的方向（图1-16-14）。

图1-16-14　界外球旗示

二、犯　规

助理裁判员首先举旗表示发现了犯规，然后通过举旗的方向展示应该由哪一方获得任意球（图1-16-15）。

图1-16-15　犯规旗示

三、换 人

当有一方要求换人时，靠近替补席的助理裁判员应该双手持旗子两端，并保持双手同时将旗子举过头顶（图1-16-16）。

图1-16-16　换人旗示

四、越位（远端）

当助理裁判员发现自己的球场远端有进攻球员越位时，应在越位线的位置把旗子沿着越位线向斜上方举起（图1-16-17）。

图1-16-17　越位（远端）旗示

五、越位（中端）

当助理裁判员发现自己的球场中端有进攻球员越位时，应在越位线的位置把旗子沿着越位线保持水平举起（图1–16–18）。

图1–16–18　越位（中端）旗示

六、越位（近端）

当助理裁判员发现自己近端有进攻球员越位时，应在越位线的位置把旗子沿着越位线向斜下方举起（图1–16–19）。

图1–16–19　越位（近端）旗示

七、球门球

当判罚球门球时，助理裁判员应面向场内，将旗向前平举，指向踢球门球的区域（图1-16-20）。

图1-16-20　球门球旗示

八、角　球

当判罚角球时助理裁判应该把旗子在身体一侧斜下指向近端的角球弧（图1-16-21）。

图1-16-21　角球旗示

⊙ **想一想**

假设你是裁判员，在同伴的语言提示下，能否做出相应的手势？

⊙ **拓展训练**

（1）一人扮演裁判员给出不同的手势，请同伴对手势进行解释。看谁回答最准确迅速。

（2）一人扮演助理裁判员给出不同的旗示，同伴对旗示进行解释。看谁回答最准确迅速。

足球哲学——细节决定成败

　　世界杯赛场上，一张记录对方射门习惯的小纸条就可以决定比赛胜负。2006年德国世界杯1/4决赛（德国VS阿根廷）点球大战前，守门员教练塞给德国门将莱曼（图1-16-22）的"小纸条"帮助莱曼4次扑出了对方点球。这张小纸条凝聚了由德国科隆体育大学50名精英组成的智囊团的心血，猜对了阿根廷队7粒点球中4粒的方向，最终帮助德国队点杀阿根廷队。把生活中一些别人认为无关紧要的细节、小事记录下来，在需要的时候用上，也许会收获意想不到的结果，因为细节往往决定成败！

图1-16-22　德国门将莱曼

下 篇

实 践 篇

第一章　准备活动

准备活动内容，见表2-1-1～表2-1-10。

表2-1-1　自然地形跑

难度：★★	
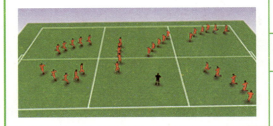	练习内容：自然地形跑
	时间：3分钟
	重点：匀速慢跑 难点：保持各组队形
练习方法：把学生平均分成6个小组，各组自由选择路线在场地上进行慢跑。跑步中注意躲闪其他小组。各组可以选择不同的移动方式，如侧滑步、倒退跑、后踢腿等	

表2-1-2　分组徒手操

难度：★★	
	练习内容：分组徒手操
	时间：6分钟
	重点：动作到位 难点：小组团队整齐
练习方法：把学生分为6组，分别组织各自的徒手操。各组小组长负责领操，利用统一的时间进行充分的活动	

表2-1-3　集体行进操

难度：★★★★	
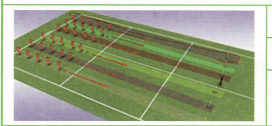	**练习内容**：集体行进操
	时间：6分钟
	重点：动作协调 **难点**：节奏整齐

练习方法：由体育委员统一带领全班同学做集体行进操。前后左右之间的同学保持固定距离，做到动作整齐，可集体喊口令进行。注意慢跑返回

表2-1-4　原地徒手操

难度：★	
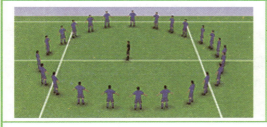	**练习内容**：原地徒手操
	时间：6分钟
	重点：动作到位 **难点**：整齐一致

练习方法：全班同学围成一个半径10米的圆，统一做原地徒手操

表2-1-5　集体足球操

难度：★★	
	**练习内容**：集体足球操
	时间：5分钟
	重点：动作幅度大 **难点**：动作协调

练习方法：每人手持一个足球，全班同学围成一个半径10米的圆，统一做集体足球操

表2-1-6　结合球的热身

<table>
<tr><td colspan="2">难度：★ ★</td></tr>
<tr><td rowspan="3">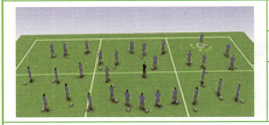</td><td>练习内容：结合球的热身</td></tr>
<tr><td>时间：10分钟</td></tr>
<tr><td>重点：尽快熟悉球性
难点：观察周围情况</td></tr>
<tr><td colspan="2">练习方法：每人一球进行运球，熟悉球性的同时，每隔30秒停下来统一做一次徒手操，结合韧带拉伸。尽快熟悉球，散点站位即可，不要扎堆</td></tr>
</table>

表2-1-7　蛇形跑热身

<table>
<tr><td colspan="2">难度：★ ★</td></tr>
<tr><td rowspan="3"></td><td>练习内容：蛇形跑热身</td></tr>
<tr><td>时间：5分钟</td></tr>
<tr><td>重点：与前面同学足迹一致
难点：保持前后距离</td></tr>
<tr><td colspan="2">练习方法：全班同学组成一路纵队，跟随前一名同学的轨迹进行慢跑热身</td></tr>
</table>

表2-1-8　运球热身

<table>
<tr><td colspan="2">难度：★ ★</td></tr>
<tr><td rowspan="3">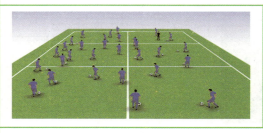</td><td>练习内容：运球热身</td></tr>
<tr><td>时间：3分钟</td></tr>
<tr><td>重点：脚的各个部位多触球
难点：注意抬头观察</td></tr>
<tr><td colspan="2">练习方法：不固定路线及范围进行运球，脚下各部位多触球。速度不必过快，注意观察周围情况</td></tr>
</table>

表2-1-9 分组足球操

难度：★★	
	练习内容：分组足球操
	时间：6分钟
	重点：动作幅度大 难点：动作协调
练习方法：分成6个小组做足球操热身。由各组组长带领进行	

表2-1-10 分组行进操

难度：★★	
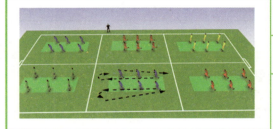	练习内容：分组行进操
	时间：7分钟
	重点：动作协调 难点：节奏整齐
练习方法：分成6个小组，在各组组长的带领下统一步骤做行进操热身	

第二章　身体练习

身体练习内容，见表2-2-1～表2-2-9。

表2-2-1　敏捷梯练习

难度：不等	
	练习内容：敏捷梯练习
	时间：6分钟
	重点：步伐灵敏 难点：快速移动

练习方法：练习者分为6个小组，按照教师的示范进行敏捷梯练习

敏捷梯内容简介：敏捷梯为足球训练脚步练习的主要工具，对练习足球技术脚步快速移动有很大的帮助。敏捷梯能提高脚步快速移动能力，提高身体的灵活性、平衡性和协调性。敏捷梯的锻炼能增强脚底肌肉、踝关节和膝关节的小肌肉群功能，降低下肢受伤概率，还能提高身体运动的节奏性。梯子是最通用的培训工具，还可以帮助提高练习者多方位的速度和加速度。一遍又一遍地演练，会增加神经系统对速度的记忆，使练习者在必要的时候做出各个方向的快速移动

1. 前进小碎步
方法：前脚掌着地，每步落在小方格以内，要求轻快、节奏感强，脚踝有弹性。
目的：培养节奏感，增强脚踝小肌肉群力量。
2. 横向小滑步
方法：身体横向站立，两脚平行滑动，依次落入小方格内。同样，轻盈快速，保持前脚掌着地。（还原正常速度动作）
目的：提高脚频和速度。
3. 前前后后
方法：身体横向站立，两脚依次踏入小方格内，再依次踏出小方格外。
目的：发展脚步控制力、身体平衡能力。

4. 进进出出

方法：一脚先进，另一脚再进。接着，一脚先出，另一脚再出。要求轻快、流畅。

目的：发展步频和节奏感。

5. 两进两出

方法：一脚先进，另一脚再进，同时横向滑动一格。接着，一脚先出，另一脚再出，同时在外横向活动一格。要求轻快、流畅。

目的：发展脚步控制力、身体平衡能力。（正常速度）

6. 并步小跳接小碎步

方法：先连续做五个并步小跳，再接小碎步跑。（正常速度）

目的：发展膝关节、脚踝小肌肉的控制能力。

7. 外内外

方法：双脚从绳梯外开始，两脚从左向右横向依次进方格内，再依次出方格；反向同理。

目的：培养不同方向的脚步步频。

8. 前后交叉步

方法：交叉步必须一前一后地交叉。要求步法准确。

目的：改善下肢协调性、灵敏性。

9. 一外一内

方法：设定一只脚在外前行，另一只脚每一方格进入一次。

目的：发展下肢协调性。

10. 蝎子摆尾

方法：后脚向前踏进方格，前脚跟进横向甩出方格侧后方。

目的：改善下肢协调性，脚步节奏感。

表2-2-2　综合训练

难度：★ ★ ★ ★

	练习内容：综合训练
	时间：7分钟
	重点：领悟练习方法 难点：掌握各项动作要领

练习方法： 把练习者平均分成6个小组，在场地上进行五次顺时针移动来更换练习内容。各区域练习包括弹跳、移动绕杆、敏捷梯、掷界外球、运球、侧滑步移动

表2-2-3 弹跳练习

难度：★★★	

	练习内容：弹跳练习
	时间：5分钟
	重点：前脚掌落地 难点：控制身体平衡

练习方法： 练习者分为6个小组，按照教师的示范进行弹跳练习。保持前后距离，控制身体平衡，落地轻盈，前脚掌落地

表2-2-4 脚步移动练习

难度：★★★	

	练习内容：脚步移动练习
	时间：6分钟
	重点：重心降低 难点：脚下频率快

练习方法： 练习者分为6个小组，按照教师的示范进行左右移动练习。保持好前后距离，可采取正面碎步移动和侧滑步移动两种方法。教师注意提示学生压力重心，提高移动速度频率

表2-2-5 移动绕杆

难度：★★★	

	练习内容：移动绕杆
	时间：6分钟
	重点：快速穿插 难点：躯干与下肢协调配合

练习方法： 练习者分为6个小组，按照教师的示范进行移动绕杆练习。移动绕杆的过程中不要触碰立杆，要降低重心，动作协调

表2-2-6 敏捷梯变换练习

难度：★ ★ ★	
	练习内容：敏捷梯变换练习
	时间：5分钟
	重点：不断变换脚步移动方法 难点：保持头脑清晰、身体平衡

练习方法：练习者分成6组同时开始敏捷梯练习，每次结束直接进入下一组练习区域继续练习（顺时针换位）

表2-2-7 弹跳练习

难度：★ ★ ★	
	练习内容：弹跳练习
	时间：5分钟
	重点：前脚掌着地 难点：保持身体平衡

练习方法：练习者平均分成6组，每组在各自场地上进行练习。要求双脚前脚掌着地，落地要轻，接触地面时间要短。起跳后，大腿上提，保持身体平衡。注意控制好前后距离

表2-2-8 移动脚步练习

难度：★ ★ ★	
	练习内容：移动脚步练习
	时间：5分钟
	重点：重心低 难点：身体协调

练习方法：练习者平均分成6组，每组在各自场地上进行练习。练习者降低重心，可采用侧滑步、曲线跑、倒退步等方法进行脚步移动练习。注意触摸每个标志物，降低重心，加快移动速度

表2-2-9 移动绕杆练习

难度：★★★	
	练习内容：移动绕杆练习
	时间：5分钟
	重点：移动速度快 难点：身体协调

练习方法：练习者平均分成6组，每组在各自场地上进行练习。绕杆过程中，要降低重心，下肢和躯干协调配合，避免触杆，加快速度，保持身体平衡

第三章 球性练习

球性练习内容，见表2-3-1～表2-3-5。

表2-3-1 颠球练习

难度：★★	
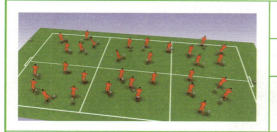	**练习内容：** 颠球练习
	时间： 5分钟
	重点： 身体放松 **难点：** 触球时机

练习方法： 学生每人一球，原地进行身体各部位颠球练习。提示学生身体放松，各部位要敢于触球。开始阶段可以每落地一次再颠球一次，球性熟练掌握后可以连贯起来

表2-3-2 踩球练习

难度：★★	
	**练习内容：** 踩球练习
	时间： 5分钟
	重点： 前脚掌触球 **难点：** 控制节奏

练习方法： 每人一球进行踩球技术练习。双脚交替，前脚掌触球控制好节奏，保持脚下动作连贯

表2-3-3　拉球练习

难度：★★	
	练习内容：拉球练习
	时间：5分钟
	重点：抬头观察 难点：熟练地结合球

练习方法：每人一球进行拉球技术练习。练习中可前、后、左、右移动拉球。拉球时注意抬头观察，进一步提高控球能力

表2-3-4　脚内侧拨球练习

难度：★★	
	练习内容：脚内侧拨球练习
	时间：5分钟
	重点：重心低 难点：掌握拨球力量

练习方法：每人一球进行拨球技术练习，注意降低身体重心及控制拨球力量，随着拨球技术的熟练，逐渐加快频率

表2-3-5　原地绕杆练习

难度：★★	
	练习内容：原地绕杆练习
	时间：8分钟
	重点：触球部位准确 难点：降低重心

练习方法：学生围绕着自己的标志物，进行脚内侧、脚外侧以及原地转弯控球技术。注意降低重心，保持触球部位准确以及抬头观察。此练习次数不宜过多，中间可穿插其他球性练习进行调整。利用敏捷梯变换练习，移动脚步等方法进行脚步移动练习。注意触摸每个标志物，降低重心，加快移动速度

第四章　运球技术

运球技术内容，见表2-4-1～表2-4-8。

表2-4-1　直线运球技术

难度：★★

练习内容：直线运球技术
时间：8分钟
重点：立脚背，脚面触球 难点：一步一运

练习方法： 每人一球在各场地进行直线运球练习，直线运球时，注意立脚背，用脚面触球，降低重心，抬头，每跑一步，脚触球一次

表2-4-2　绕杆运球

难度：★★★

练习内容：绕杆运球技术
时间：10分钟
重点：重心低 难点：控制拨球角度和力量

练习方法： 每人一球在各场地进行绕杆运球练习，要求学生首先使用双脚脚内侧拨球过杆技术。熟练掌握后，可以尝试脚内侧扣结合脚外侧拨球过杆技术练习。注意拨球角度和力量。练习中重心要低，逐渐加快速度

表2-4-3 运球换位技术

难度：★★	
	练习内容：运球换位技术
	时间：6分钟
	重点：换位速度快 难点：快速移动中的躲闪

练习方法：学生分别在自己的区域内进行不定向运球，当听到教师提示信号后，迅速运球移动到另一块区域。可采用顺时针旋转、逆时针旋转以及两块场地对调的方式进行运球换位练习

表2-4-4 不定向运球技术

难度：★★	
	练习内容：不定向运球技术
	时间：10分钟
	重点：各部位触球 难点：抬头观察周围情况

练习方法：把学生分为6组，每人一球在各场地进行不定向运球练习。运球过程中要注意加强穿插移动，观察情况，不要与同学发生碰撞。熟练掌握后，可打破各自区域限制，尝试全场运球，躲闪全场同学

表2-4-5 变向运球技术

难度：★★	
	练习内容：变向运球技术
	时间：8~10分钟
	重点：降低重心 难点：变向速度快

练习方法：每人一球在各场地进行变向运球练习，练习中注意降低重心，使球始终处在自己控制范围内，尽量加快变向速度

表2-4-6　拨球过人技术

难度：★★	
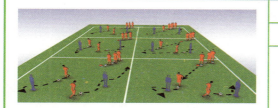	**练习内容**：拨球过人技术
	时间：8~10分钟
	重点：过人的距离 **难点**：变向的角度

练习方法：每人一球在各场地进行拨球过人技术练习，过人前一步一运球，过人时注意变向过人的时机与防守人的距离以及球变向的角度。结合速度要快，过人后要迅速把球控制好

表2-4-7　不定向运球结合过人技术

难度：★★★	
	**练习内容**：不定向运球结合过人技术
	时间：8~10分钟
	重点：观察周围情况 **难点**：过人后的快速控球

练习方法：每人一球在各场地进行不定向运球结合过人技术练习，当遇到障碍物的时候，可用脚内侧或脚外侧拨球技术过人。要求主动观察周围情况，过人后快速将球控制好

表2-4-8　不定向运球结合过人技术（真人干扰）

难度：★★★★	
	**练习内容**：不定向运球结合过人技术（真人干扰）
	时间：8~10分钟
	重点：观察周围情况 **难点**：过人后的快速控球

练习方法：每人一球在各场地进行不定向运球结合过人技术练习。各组安排一名防守学生干扰，进一步加强实战控球能力。为此项练习加大难度

第五章 接传球技术

接传球技术内容，见表2-5-1～表2-5-7。

表2-5-1　脚弓传球定型练习

难度：★★	
	**练习内容**：脚弓传球定型练习
	时间：8分钟
	重点：触球部位准确 **难点**：控制脚型

练习方法：两名学生一球，一名学生固定球，另一名学生进行脚弓传球定型练习。踢球者直线助跑两步，立足腿弯曲，立足脚在球的侧后方，脚尖对准传球方向，脚踝用力控制好脚型。触球部位要准确

表2-5-2　脚弓传球技术

难度：★★	
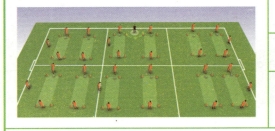	**练习内容**：脚弓传球技术
	时间：10分钟
	重点：触球部位准确 **难点**：控制脚型

练习方法：练习者两人一组，在6×2平方米的区域外进行脚弓停、传球技术练习。要求触球部位准确，直线传球

表2-5-3　脚弓传球

难度：★★	
	练习内容：脚弓传球
	时间：5分钟
	重点：踢球的中后部 难点：球不离地
练习方法：两个人传球路线必须通过一个横杆通道。其目的是强化脚弓技术，不把球提起来，提高传球准确度	

表2-5-4　脚背正面踢球技术

难度：★★	
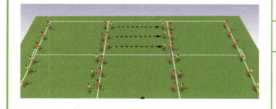	练习内容：脚背正面踢球技术
	时间：10分钟
	重点：触球部位准确 难点：立脚背
练习方法：学生两人一组，在距离10米的区域内进行脚背正面踢球技术练习，要求触球部位准确，直线传球	

表2-5-5　传球时机练习

难度：★★	
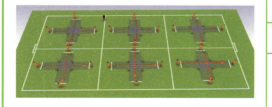	练习内容：传球时机练习
	时间：10分钟
	重点：观察 难点：传球时机
练习方法：4个一组，列十字队形，相对的两名学生相互传球。要求传球时把握好传球时机，避免两球相互碰撞	

表2-5-6 跑动传球技术

难度：★ ★	
	练习内容：跑动传球技术
	时间：10分钟
	重点：运球结合传球 难点：观察队友位置

练习方法：两名学生在跑动过程中相互传球，避免与其他组学生发生碰撞。可提高传控球的难度

表2-5-7 正脚面踢球技术

难度：★ ★	
	练习内容：正脚面踢球技术
	时间：8分钟
	重点：触球部位准确 难点：立脚背

练习方法：两名学生一球，一名学生固定球，另一名学生进行正脚面踢球定型练习。踢球队员斜线助跑，立足脚对准传球方向，膝关节弯曲。踢球腿大腿带动小腿，脚背绷直，脚面触球中后部

第六章 头球技术

头球技术内容，见表2-6-1~表2-6-3。

表2-6-1 头顶球练习技术

难度：★★

练习内容：头顶球练习技术
时间：5分钟
重点：前额触球 难点：控制力量

练习方法：每人一球，自抛自顶。以前额触球，掌握好顶球力量，注意脚下移动

表2-6-2 侧向头顶球技术

难度：★★

练习内容：侧向头顶球技术
时间：10分钟
重点：前额触球 难点：预判球落点

练习方法：3人一球，成三角队形，一名学生将球抛出，顶球人头顶球并将球顶到另一名学生手里。3人顺、逆时针配合练习。注意前额触球。顶球人找准侧向击球点

表2-6-3　头顶球技术

难度：★ ★	
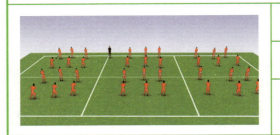	**练习内容：** 头顶球技术
	时间： 10分钟
	重点： 腰腹用力 **难点：** 找准击球点

练习方法： 两人一球，相距3米，一抛一顶，交替练习。注意前额触球，腰腹带动发力，找准击球点，不要闭眼。当熟练掌握头顶球技术后，可起跳头顶球，增加头顶球难度

第七章　足球游戏

足球游戏内容，见表2-7-1～表2-7-3。

表2-7-1　捕鱼达人（有球）

难度：★★	
	**练习内容**：捕鱼达人（有球）
	时间：8分钟
	重点：注意观察，不断变向 **难点**：通过速度变化，逃离渔网
练习方法：捕鱼者手拉手形成一张渔网，利用渔网的宽度进行捕捞。自由的鱼儿（持球者）可全场躲避渔网的追捕（可根据学生的运球能力调节渔网人数）	

表2-7-2　捕鱼达人（无球）

难度：★★	
	**练习内容**：捕鱼达人（无球）
	时间：6分钟
	重点：团结协作 **难点**：步调一致
练习方法：捕鱼者手拉手形成一张渔网，利用渔网的宽度进行捕捞，自由的鱼儿可全场躲避渔网的追捕	

表2-7-3 金蝉脱壳

难度：★★	
	练习内容：金蝉脱壳
	时间：6分钟
	重点：注意观察，不断变向 难点：通过速度变化，摆脱干扰

练习方法： 5人一组，4人持球，一人为自由人，可随意向其他4人抢球以及做各种干扰。持球人要观察周围情况，躲避自由人的同时，不能与其他队友发生碰撞。熟练掌握后，可加大场地练习，并增加自由人数量。自由人和持球者可交替进行练习

第八章 小型比赛

小型比赛内容，见表2-8-1～表2-8-3。

表2-8-1　2V2

难度：★★	
	练习内容：2V2
	时间：10~15分钟
	重点：积极跑动 难点：合理运用已学技术
练习方法：5人一组，在各自的场地进行2V2的比赛练习。多出一名同学可当裁判	

表2-8-2　3V3

难度：★★	
	练习内容：3V3
	时间：10~15分钟
	重点：积极跑动 难点：合理运用已学技术
练习方法：6人一组，分三块场地进行3V3的比赛练习。可按班级人数分组进行轮换练习。多出学生可当裁判或替补队员	

表2-8-3　4V4

难度：★★	
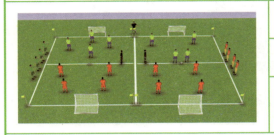	练习内容：4V4
	时间：10~15分钟
	重点：积极跑动 难点：合理运用已学技术

练习方法： 8人一组，分两块场地进行4V4的比赛练习。可按班级人数分组进行轮换练习。多出学生可当裁判或替补队员

第九章 简单战术

简单战术内容，见表2-9-1、表2-9-2。

表2-9-1　二过一真人防守

难度：★★	
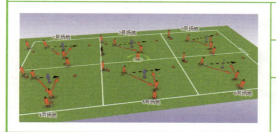	**练习内容：** 二过一真人防守
	时间： 10分钟
	重点： 传跑结合 **难点：** 传球时机

练习方法： 各组同学将固定人墙视为防守人，控球队员与同伴寻求二过一配合，突破防守。控球队员注意传跑结合要快，传球意图要隐蔽。接球队员注意掌握传球提前量（传、接球人交替练习）

表2-9-2　实战二过一

难度：★★	
	**练习内容：** 实战二过一
	时间： 10分钟
	重点： 传球隐蔽 **难点：** 传球时机

练习方法： 5人一组，其中一名队员充当防守人，控球队员与同伴寻求二过一配合，突破防守。注意传球时机及隐蔽性

第十章　守门员技术

守门员技术，见表2-10-1～表2-10-6。

表2-10-1　接低手球技术

难度：★★	
	**练习内容**：接低手球技术
	时间：10分钟
	重点：接球手型准确 **难点**：触球后并肘
练习方法：两人一组，相距6米，一人脚弓传球，一人进行守门员接低手球技术练习	

表2-10-2　接中路球技术

难度：★★	
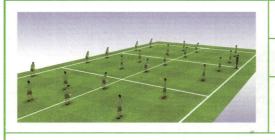	**练习内容**：接中路球技术
	时间：10分钟
	重点：接球手型准确 **难点**：双手尽早触球并迅速缓冲
练习方法：两人一组，相距6米，一人抛球，一人进行守门员接中路球技术练习	

表2-10-3　接高手球技术

难度：★★	
	**练习内容**：接高手球技术
	时间：10分钟
	重点：注视来球，双手由下向上摆动，手臂伸直。单脚起跳，一腿膝关节弯曲于腹部进行保护 **难点**：判断好球的高度和落点
练习方法：两人一组，相距6米，一人抛球，一人进行守门员接高手球技术练习	

表2-10-4　守门员脚步移动技术

难度：★★	
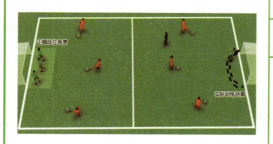	**练习内容**：守门员脚步移动技术
	时间：10分钟
	重点：紧盯足球，脚步轻巧灵活。观察射门人的摆腿，选择站位 **难点**：判断准确，反应迅速，动作到位
练习方法：守门员根据射门人不同的位置，运用侧滑步技术，选择合理站位	

表2-10-5　中路定位球防守技术

难度：★★	
	练习内容：中路定位球防守技术
	时间：10分钟
	重点：合理选位 难点：根据球的位置安排人墙

练习方法：罚球队员根据不同的罚球位置，选择射门脚法。守门员安排人墙，合理选位，进行练习。①根据球的位置安排人墙；②注意力高度集中，眼睛盯球；③球被发出后，守门员要脚步灵活、反应迅速；④指挥人墙时充分展现领导能力，大声、指示明确

表2-10-6　边路定位球防守技术

难度：★★	
	练习内容：边路定位球防守技术
	时间：10分钟
	重点：根据球的位置安排人墙 难点：注意力高度集中

练习方法：罚球队员根据不同的罚球位置，选择射门脚法。守门员安排人墙，合理选位，进行练习。①根据球的位置安排人墙；②注意力高度集中，眼睛盯球；③选位时要考虑罚球队员传中；④根据罚球的方式做出扑救或出击；⑤指挥人墙时充分展现领导能力，大声、指示明确，出击时果断、迅速

附　录

中锋：center forward

后腰：defending midfielder

核心队员：key player；point man

最佳球员（一场比赛后选出）：Man of the Match

惯用左脚的：left-footed

惯用右脚的：right-footed

裁判员：referee

上半时（场）：first half

下半时（场）：second half

开球、比赛开始：kick off

点球决胜：penalty shootout

出界：outside；out of bounds

掷界外球：throw-in

球门球：goal kick

角球：corner kick

任意球：free kick

直接任意球：direct free kick

间接任意球：indirect free kick

严重犯规（判罚直接任意球或点球）：penal offense

越位：offside

合理冲撞：legal [fair] charge

拉人犯规：holding

推人犯规：pushing

打人：striking

危险动作：dangerous play

手球犯规：handball

背后铲球：tackle from behind

假摔：fake a fall

黄牌：yellow card

红牌：red card

停球：trap；stop

大腿停球：thigh trap

胸部挡球：chest

传球：pass

短传配合：short game

传中：center

地滚传球：ground [rolling] pass

踢墙式二过一：wall pass

带球过人：beat；break through

头球：head；nod

断球：intercept

射门：shoot

补射：tip-in

守门：goalkeeping

助攻：assist

补位：cover a position

跑位：run off the ball

中圈：kick off circle

中场：midfield；center field

球门线：goal line

球门区：goal area

球门区线：goal area line

角球区：corner area

角旗：corner flag

罚球点：penalty kick mark

罚球区：penalty area

足球鞋：football shoe

球门网：goal net

球门：goal

球门口：goalmouth

球门柱：goalpost；upright

球门横梁：goal crossbar

球门框：woodwork

历届国际足联世界杯冠军

1930年：乌拉圭

1934年：意大利

1938年：意大利

1950年：乌拉圭

1954年：联邦德国

1958年：巴西

1962年：巴西

1966年：英格兰

1970年：巴西

1974年：联邦德国

1978年：阿根廷

1982年：意大利

1986年：阿根廷

1990年：联邦德国

1994年：巴西

1998年：法国

2002年：巴西

2006年：意大利

2010年：西班牙

2014年：德国

2018年：法国

世界杯单场比赛进球最多的球员是奥列克·萨连科，他在1994年俄罗斯队对阵喀麦隆队的比赛中攻入5球。

世界杯夺冠排行榜

巴西：5次（1958年、1962年、1970年、1994年、2002年）

德国：4次（1954年、1974年、1990年、2014年）

意大利：4次（1934年、1938年、1982年、2006年）

乌拉圭：2次（1930年、1950年）

阿根廷：2次（1978年、1986年）

法国：2次（1998年、2018年）

英格兰：1次（1966年）

西班牙：1次（2010年）

世界杯决赛单场进球最多的球员

杰夫·赫斯特在1966年英格兰队对阵联邦德国队的决赛中攻入了3球。

世界杯单届比赛个人进球排行榜

朱斯特·方丹（法国，1958年）：13球

桑多尔·柯奇士（匈牙利，1954年）：11球

盖德·穆勒（联邦德国，1970年）：10球

尤西·比奥（葡萄牙，1966年）：9球

吉列尔莫·斯塔维莱（乌拉圭，1930年）：8球

罗纳尔多（巴西，2002年）：8球

历届欧洲杯比赛冠军

1960年：苏联	1992年：丹麦
1964年：西班牙	1996年：德国
1968年：意大利	2000年：法国
1972年：联邦德国	2004年：希腊
1976年：捷克斯洛伐克	2008年：西班牙
1980年：联邦德国	2012年：西班牙
1984年：法国	2016年：葡萄牙
1988年：荷兰	

欧洲杯单届比赛个人进球排行榜

米歇尔·普拉蒂尼（法国，1984年）：9球

安东尼·格列兹曼（法国，2016年）：6球

马尔科·范巴斯滕（荷兰，1988年）：5球

艾伦·希勒（英格兰，1996年）：5球

帕特里克·克鲁伊维特（荷兰，2000年）：5球

萨沃·米洛舍维奇（南斯拉夫，2000年）：5球

米兰·巴罗什（捷克，2004年）：5球

最快的"帽子戏法"用时18分钟，米歇尔·普拉蒂尼在1984年欧洲杯法国队对南斯拉夫队的比赛中，分别在比赛进行到第59、63、77分钟时进球。

历届亚洲杯冠军

1956年：韩国	1988年：沙特阿拉伯
1960年：韩国	1992年：日本
1964年：以色列	1996年：沙特阿拉伯
1968年：伊朗	2000年：日本
1972年：伊朗	2004年：日本
1976年：伊朗	2007年：伊拉克
1980年：科威特	2011年：日本
1984年：沙特阿拉伯	2015年：澳大利亚

历届奥运会足球项目冠军

1900年：英国	1908年：英国
1904年：加拿大	1912年：英国

1920年：比利时

1924年：乌拉圭

1928年：乌拉圭

1932年：未举行足球比赛

1936年：意大利

1948年：瑞典

1952年：匈牙利

1956年：苏联

1960年：南斯拉夫

1964年：匈牙利

1968年：匈牙利

1972年：波兰

1976年：民主德国

1980年：捷克斯洛伐克

1984年：法国

1988年：苏联

1992年：西班牙

1996年：尼日利亚（男子），美国（女子）

2000年：喀麦隆（男子），挪威（女子）

2004年：阿根廷（男子），美国（女子）

2008年：阿根廷（男子），美国（女子）

2012年：墨西哥（男子），美国（女子）

2016年：巴西（男子），德国（女子）

单届奥运会女足比赛进球排行榜

克里斯蒂娜·辛克莱（加拿大，2012年）：6球

克里斯蒂安妮（巴西，2004年、2008年）：5球

比吉特·普林茨（德国，2004年）：5球

梅拉妮·贝林格（德国，2016年）：5球

国际足联女子世界杯夺冠次数最多的国家

美国（1991年、1999年、2015年、2019年）：4次

德国（2003年、2007年）：2次

挪威（1995年）：1次

日本（2011年）：1次

女足世界杯单届比赛个人进球排行榜

米歇尔·阿克尔斯（美国，1991年）：10球

海迪·墨尔（德国，1991年）：7球

茜茜（巴西，1999年）：7球

孙雯（中国，1999年）：7球

比吉特·普林茨（德国，2003年）：7球

足球室内课评价标准（表1～表8）

表1　足球文化知识（1）

数量	3	5	7	9	15
等级	☆	☆☆	☆☆☆	☆☆☆☆	☆☆☆☆☆

注：能够正确说出赛事的名称、所属国家或地区以及一支有代表性的球队

表2　足球文化知识（2）

数量	3	5	7	9	15
等级	☆	☆☆	☆☆☆	☆☆☆☆	☆☆☆☆☆

注：能够正确说出足球俱乐部的名称、所属国家以及一名在该球队效力过的球员或教练

表3　足球战术知识（1）

数量	2	3	5	7	10
等级	☆	☆☆	☆☆☆	☆☆☆☆	☆☆☆☆☆

注：能够说出场上的位置名称、一项技术的特点、一个代表性的球员

表4　足球战术知识（2）

数量	3	5	7	9	15
等级	☆	☆☆	☆☆☆	☆☆☆☆	☆☆☆☆☆
注：能够正确说出足球进攻或防守战术的技术名词（包括个人、局部、整体）					

表5　足球规则知识（1）

数量	1	2	3	4	5
等级	☆	☆☆	☆☆☆	☆☆☆☆	☆☆☆☆☆
注：能够正确说出球场区域名称、尺寸、作用					

表6　足球规则知识（2）

数量	2	4	7	9	10
等级	☆	☆☆	☆☆☆	☆☆☆☆	☆☆☆☆☆
注：能够准确说出足球比赛中被判罚直接任意球的规则术语					

表7　足球规则知识（3）

数量	2	3	5	7	9
等级	☆	☆☆	☆☆☆	☆☆☆☆	☆☆☆☆☆
注：对应教师语言提示，能够在2秒钟内正确、标准地做出裁判员相应的手势					

表8　足球规则知识（4）

数量	2	3	5	6	8
等级	☆	☆☆	☆☆☆	☆☆☆☆	☆☆☆☆☆
注：对应教师语言提示，能够在2秒钟内正确、标准地做出助理裁判员的相应旗示					

一、基本技术评价及参考

1. 素质测试（图1）

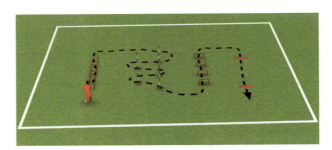

图1　素质测试

测试方法： 球员依次通过小碎步敏捷梯—绕杆—跳高架（双腿跳）—冲刺跑。测试标准见表1。

表1　"素质测试"测试标准

测试标准	男	女
优秀	20秒	25秒
良好	25秒	30秒
合格	30秒	35秒

2. 运球技术测试（图2）

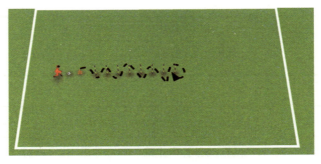

图2　运球技术测试

测试方法：场地设有6个立杆，每杆距离2米。起点距离第一杆2米。队员在该区域进行往返计时绕杆。测试标准见表2。

表2 "运球技术测试"测试标准

测试标准	男	女
优秀	20秒	25秒
良好	24秒	29秒
合格	29秒	34秒

3. 一分钟脚弓传球（图3）

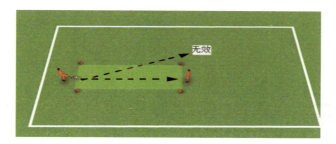

图3 一分钟脚弓传球

测试方法：两人在6×2平方米的场地区域外进行一分钟脚弓对传。要求每次传球时，球必须通过该区域，否则视为无效。测试标准见表3。

表3 "一分钟脚弓传球"测试标准

测试标准	男	女
优秀	20秒	17秒
良好	15秒	12秒
合格	10秒	8秒

4. 正脚背踢球测试（图4）

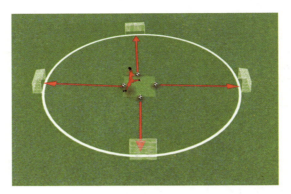

图4　正脚背踢球测试

测试方法：4个球摆放在距离球门10米处的点上，队员依次使用正脚背踢球技术将球踢进球门（球门宽度2米）。测试标准见表4。

表4　"正脚背踢球测试"测试标准

测试标准	男	女
优秀	3个	3个
良好	2个	2个
合格	1个	1个

二、总结性评价：综合能力评价图

综合能力评价图的五角分别代表技术评价、身体素质、心理素质、团队精神和足球意识（图5）。该图为网状式，每一角满分为20分，相差5分为一个等级，教师对学生进行评价时将五点连接，形成不同形状，形状越完整，代表学生能力越均衡。

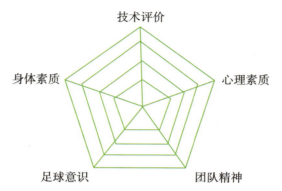

图5 综合能力评价图

1. 技术评价

结合运球过程中足球的熟练程度、传球准确性以及各种技术中触球部位的准确度进行评价。

2. 身体素质

身体素质是指在完成动作过程中体现出来的身体协调性、灵敏性，短距离移动速度，爆发力。

3. 心理素质

心理素质是指在训练和比赛中的抗压能力及遇到困难后的调节能力。

4. 足球意识

足球意识是指在场上遇到各种情况后瞬间体现出来的正确决策能力。

5. 团队精神

贯彻教练员思想，团结协作、相互弥补和相互鼓励，使整个球队发挥价值最大化。